우남 이승만 전집 5

체 역 집

우남이승만전집발간위원회
연세대학교 이승만연구원 편

연세대학교 대학출판문화원

좌: 체역집에 수록된 한시들을 썼던 한성감옥서 앞에서. (연세대 이승만연구원 소장)

우: 옥중동지들과 함께, 안명선(안경수 아들)과 이승린(이상재 아들)이 보인다. (연세대 이승만연구원 소장)

체역집의 표지.
(연세대 이승만연구원 소장)

이승만이 한시를 공부한 도동서당의 1957년 모습. 남산기슭 우수현 남쪽(현재 힐튼호텔 근처)에 있었다. (연세대 이승만연구원 소장)

이승만은 대통령 재임 중인 1957년 도동서당을 방문하여 연소정이라는 휘호를 남겼다.
(연세대 이승만연구원 소장)

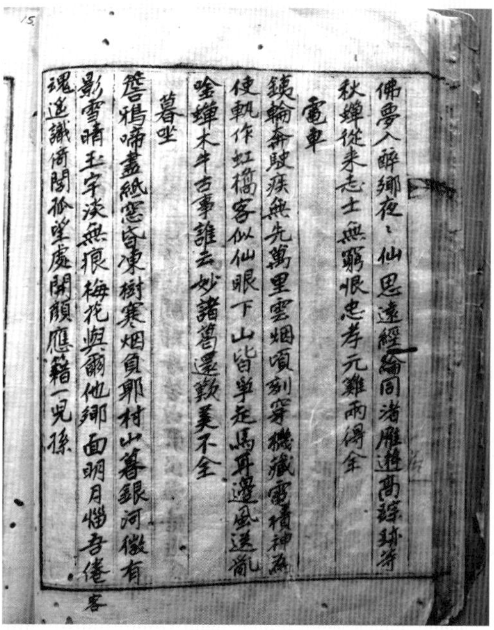

대한제국 당시 도입되었던 전차를 묘사한 한시.
(연세대 이승만연구원 소장)

좌: 도동서당 시절(1893) 아버지(이경선)와 함께. 사진상 왼쪽부터 이승만의 서당동문 김홍서, 가운데 이승만의 아버지 이경선, 맨오른쪽 이승만.

우: 이승만이 다녔던 도동서당의 주인 이근수옹. 이근수는 1883년 사간원 대사간, 1892년 종친부 종정경(종2품), 1893년에는 사헌부 대사헌(종2품) 등 높은 관직을 역임했다. 1905년 11월에 장례원경으로서 을사조약 체결에 관여한 역적 토벌상소를 올렸다. (연세대 이승만연구원 소장)

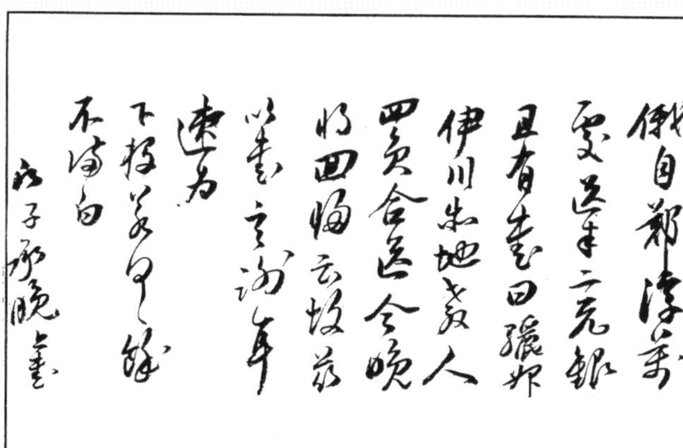

이승만이 아버지 이경선에게 보낸 서한이다. (譯文: 아까 정순만(鄭淳萬)이 돈 2원을 보내왔고, 또 편지에 이르기를 여주(驪州) · 이천(伊川) 등지의 교인 네 사람이 합해서 보내는 것이며 오늘 밤에 돌아간다 하였습니다. 이에 몇 자 적어 감사의 뜻을 밝혔사오니 속히 전해 주심이 어떻겠습니까? 갖추지 않고 사룁니다. 즉일 자 승만 상서) (연세대 이승만연구원 소장)

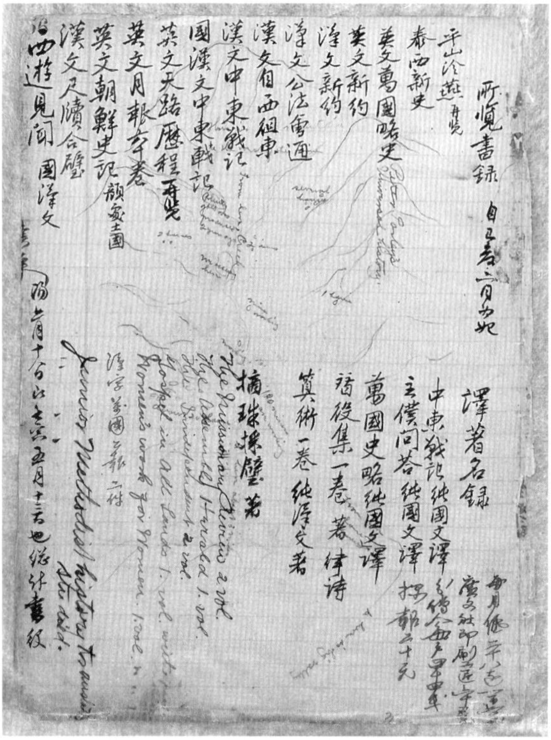

한성감옥서에서 집필한 저역서 목록에 관한 이승만의 기록. 체역집도 보인다.
(연세대 이승만연구원 소장)

가난한 나라의 대통령 이승만은 한시를 써서 문화외교에 활용했다. 밴 플리트 미 8군 사령관 부임 1주년을 기념하여 한시 병풍을 선물(1952.4.14). 6.25전쟁에 참전했던 밴 플리트의 아들이 실종된 직후였다. (연세대 이승만연구원 소장)

우남 이승만 전집 5

체 역 집

허 경 진 역주 · 해제

연세대학교 대학출판문화원

우남 이승만 전집 5

체 역 집

허경진 역주 · 해제
우남이승만전집발간위원회 / 연세대학교 이승만연구원 편

연세대학교 이승만연구원
전화 02)3216-7742 / smrhee@yonsei.ac.kr

발 행 연세대학교 대학출판문화원
주 소 서울특별시 서대문구 연세로 50
http://www.yonsei.ac.kr/press
ysup@yonsei.ac.kr
전 화 02)2123-3380~2
팩 스 02)2123-8673
등 록 1955년 10월 13일 제9-60호
인 쇄 (주)동국문화

2021년 3월 26일 1판 1쇄

ISBN 978-89-6850-556-0 (94080)
978-89-6850-274-3 (세트)

값 25,000원

목차

일러두기

1. 이 책은 우남(雩南) 이승만(李承晩, 1875~1965)이 한성감옥서에 갇혀 있던 시기에 1900년 봄부터 1903년 9월 15일까지 지은 한시를 정서하여 편집한 필사본 『체역집(替役集)』의 원문을 입력하고, 현대어로 번역한 것이다.
2. 원문은 오언시나 칠언시의 형태를 전달하기 쉽도록 구두를 떼어 입력하였으며, 압운자(押韻字)에는 '。'부호를 표기하였다.
3. 연작시 경우에는 원문에 없는 작품 번호를 붙였다. 모두 154제(題) 196수(首)이다.
4. 원문을 정서하는 과정에서 분명히 틀렸다고 판단되는 글자는 바로잡았으며, 필요한 경우에는 각주를 달았다. 그러나 속자(俗字) 경우에는 그대로 입력하였다.
5. 감옥에서 지은 시가 분명하더라도 『체역집(替役集)』에 실리지 않은 시는 전래과정이 다르기 때문에, 이 책에 싣지 않고 별도의 권에 편집하여 수록될 것이다.
6. 독자의 이해를 돕기 위하여 해제를 덧붙이고, 사진자료들을 추가하였다.

번역문 목차

옥 안에서 짓다 시종 이유형[1]과 함께 짓다

한평생 가슴 속에 불평이 있어
비 뿌리고 바람 쳐 물결 일었네.
새장 속의 학은 구름 만리 그리워하고
숲속의 새는 삼경 달밤에 홀로 꿈꾸네.
책 보따리 벗 삼으니 짐이 무겁건만
갑 속의 칼은 마음을 알아 목숨 가볍게 여기네.
세상에 황금은 가는 곳마다 있으니
가난하다고 경영[2]을 어찌 잘못하랴.

牢中作[3] 與李侍從裕馨號白虛共賦[4]

一生胸海不平鳴。雨打風飜浪易驚。
籠鶴遙懷雲萬里、林禽孤夢月三更。

---

1) 李裕馨. 호는 백허(白虛). 이유형은 1894년 동학농민운동 때에 노성(魯城) 등지에서 유림을 규합하여 각목을 가지고 동학도를 방비하면서 자신의 군사를 '군자군(君子軍)'이라 칭한 것이 황탄한 행위였다는 이유로 투옥된 인물. 『官報』, 1900년 9월 19일.

2) 영대(靈臺)에 큰 공사를 시작하여 / 땅을 재고 푯말을 세우니 / 뭇 백성들이 거들어 / 며칠도 되지 않아 다 이루었네 / 시작하며 서두르지 않았건만 / 뭇 백성들이 자식처럼 몰려왔네. 經始靈臺, 經之營之. 庶民攻之, 不日成之. 經始勿亟, 庶民子來. -『맹자』「양혜왕 상(梁惠王 上)」. 경영(經營)은 위의 시 "땅을 재고 푯말을 세운다(經之營之)"에서 나온 말인데, 집을 짓는 것뿐만 아니라 나라를 다스리는 데에까지 쓰였다.

3) 『체역집(替役集)』 전체에 대한 설명이자 제목이다. 필사본 『체역집(替役集)』에는 이 시가 제목만 실려 있는데, 신호열 번역본 『替役集 乾』에서 한시 본문을 가져 왔다.

4) 제목이나 본문과 같은 크기의 글자로 썼지만, 「牢中作」에 대한 소주(小註)이다.

筴書爲伴行裝重、匣劒知心性命輕。

世事黃金隨處有、貧寒那得誤經營。

늦가을의 국화

가을 다하니 나그네 시름 더욱 많아져
고향의 국화는 올해도 인연 없구나.[5]
용산의 풍류 술자리[6] 내 이미 늦었으니
거칠어진 율리 오솔길은 누구 위해 향기로우랴.[7]
바람과 서리 겪을수록 높은 절개 보이더니
비와 이슬 오로지 받아 늦은 영화 누리누나.
한 송이 고고하게 세상을 업신여기니
번화한 복사꽃 오얏꽃도 예사로울 뿐일세.

---

5) 인생 살면서 서로 보지 못하니 / 마치 삼성과 상성 같구나. 人生不相見, 動如參與商. - 두보 「증위팔처사시(贈衛八處士詩)」. 삼성(參星)은 서쪽 하늘에 있고, 상성(商星)은 동쪽 하늘에 있어, 별이 뜨고 질 때에 서로 볼 수가 없다. 그래서 서로 만나지 못하는 사람들을 비유할 때에 이 별들에다 비유하였다. 이 시에서는 '고향의 국화를 볼 수 없다'는 뜻으로 썼다.

6) 맹가(孟嘉)의 자는 만년인데, 강하 사람이다. [줄임] 뒤에 환온(桓溫)의 참군이 되었는데, 그가 매우 소중히 여겼다. 9월 9일에 환온이 용산에서 잔치를 베풀어 막료들이 모두 모였는데, 이때 이들은 모두 융복(戎服)을 입고 있었다. 마침 바람이 불어서 맹가의 모자가 날려 떨어졌는데, 맹가는 그것도 모르고 있었다. 환온이 주위 사람들에게 말하지 못하게 하고는, 그가 어떻게 하는지 살펴보았다. 맹가가 한참 뒤에 측간에 가자, 환온이 주워 온 모자를 다시 가져다 놓게 하고는, 손성(孫盛)에게 맹가를 놀리는 글을 짓게 해서, 맹가가 앉았던 자리에 붙여 놓았다. 맹가가 돌아와서 읽어 보고 즉시 답장을 썼는데, 그 글이 매우 아름다워 자리에 있던 사람들이 모두 놀랐다. -『진서』 권98 「맹가」 열전. 중양절이 되면 늘 언급되는 이야기인데, 우남이 감옥에 있어 중양절 풍류를 즐기지 못한 아쉬움을 이렇게 달랜 것이다.

7) 원문의 율리(栗里)는 도연명(陶淵明)의 고향인데, 중국 강소성(江西省) 구강시(九江市) 서남에 있다. 도연명의 「귀거래사」에 "세 오솔길이 거칠어졌건만 소나무와 국화는 아직 있구나(三徑就荒, 松菊猶存.)" 했으므로, "고향의 국화는 주인도 없는데 누구를 위해 피었느냐"고 물은 것이다.

秋後晚菊

秋盡鄕園旅恨長。今年黃菊已參商。
酒續龍山嗟我晚、徑荒栗里爲誰香。
纔經風霜高節見、偏承雨露晚榮將。
一朶孤高能自傲、繁華桃李只尋常。

『평산냉연』[8]의 백연시에 차운하다

도관[9]에 살던 전신이 꿈속에 희미하니
날개 돋은 인간이라고 누가 감히 비난하랴.
진나라 때엔 붉은 부리 곱다고 자랑했으니
조비연[10]의 눈같이 고운 피부 도리어 추하구나.
배꽃에 스치며 흰 그림자 다투고
버들개지 흩날리면 서리 옷에 가득해라.
해마다 봄철 사일[11]에 옛 둥지 찾아드는 나그네

---

8) 재자가인(才子佳人) 소설인 『평산냉연』 서문에는 천화장주인(天花藏主人)이 지었다고 했는데, 청나라 초 강희(康熙, 1637~1722) 연간에 활동했던 장박산(張博山, 본명 劭)이 천화장주인인 듯하다. 1903년 한성감옥서에 265권을 소장한 서적실이 설치되었다. 이후 꾸준히 증가하여 1904년 8월말에는 국문책 52종 165권, 한문책 222종 338권, 영어책 20종 40권으로, 총 294종 523권을 갖춘 서적실이 되었다. 유춘동의 논문 "한성감옥서(漢城監獄署)의 〈옥중도서대출부(獄中圖書貸出簿)〉 연구."(『서지학보』 제40호, 2012)에 1903년 1월부터 1904년 8월까지 국문책과 한문책 별로 매달 많이 빌려간 책 제목을 5종 내지 7종 정도씩 소개하였는데, 『평산냉연』은 한 번도 순위에 오르지 못하였다. 많은 사람들이 이 책을 즐겨 본 것이 아니라, 우남이 이유형과 한시 창화를 하기 위해서 이 책에 나오는 인물이나 시어(詩語)를 찾느라고 읽어본 듯하다. 우남의 『옥중잡기(獄中雜記)』 첫 부분에 "읽어본 서적 목록(所覽書錄)"이 실려 있는데, 1899년 6월부터 읽기 시작한 목록으로, 첫 줄에 "평산냉연(平山冷燕) 재람(再覽)"이라고 기록되었다.

9) 道觀. 원문의 옥국(玉局)은 도관(道觀)의 별칭인데, 노자(老子)가 여기에서 강경했다고 한다.

10) 趙飛燕. 한(漢)나라 성제(成帝)의 후비이다. 노래와 춤을 잘하고 몸이 가벼워, 나는 제비 같다고 비연(飛燕)이라 하였다.

11) 社日. 춘분과 추분에서 가장 가까운 무일(戊日)을 사일(社日)이라 한다. 입춘 뒤 다섯 번째 무일이 춘사일(春社日), 입추 뒤 다섯 번째 무일이 추사일(秋社日)이다. 춘사일에는 곡식이 잘 자라길 빌고, 추사일에는 잘 거둬들인 것을 감사한다. 춘사일에 제비가 왔다가 추사일에 돌아간다.

백제성[12]에는 아직 돌아가지 않았구나.

次平山冷燕白鶯詩韻

前身玉局夢依稀。羽翼人間孰敢非。
晉代只誇丹頷艶、趙姬還妬雪膚肥。
飛拂梨花爭素影、點飄柳絮滿霜衣。
舊巢春社年年客、白帝城中尙未歸。

12) 白帝城. 중국 사천성(四川省) 봉절현(奉節縣) 구당협(瞿塘峽)에 있던 옛 성이다.

반가운 까치

깊은 곳에서 하늘을 보며 우물 안 개구리 탄식하니
까치가 가엽게 여겨 날 저문 창가에 와서 우짖네.
즐겁게 상림을 점 쳐 기러기 왔다 일러주고
인연이 은하수에 통해 까마귀와 함께 다리 놓았네.
밤에 적벽으로 돌아와 조조는 달을 읊었는데
봄에 강남 길 끊으면 누가 꽃을 부치랴.
날아가서 규방에 찾아가 반가운 소식 알리니
지난 밤 나그네는 꿈속에 집에 돌아갔네.

喜鵲

深處看天歎井蛙。偏憐語鵲晩窓斜。
喜占上林傳雁到、緣通銀漢伴烏遮。
夜歸赤壁人唫月、春斷江南孰寄花。
飛去爲尋閨裡報、前宵客枕夢還家。

머리 기른 스님

속인 아니라 스님 같은데 머리털이 있네.
온갖 바쁜 일 간여치 않아 한 몸 외롭구나.
금성의 꽃과 버들은 전생의 꿈
장안의 풍류도 몇몇 호걸들의 일일세.
세상을 벗어나 마음 살피며 적멸에 귀의하고
고요한 가운데 도를 찾으며 허무를 깨닫네.
선(禪)을 찾는다고 산문(山門) 향해 떠나지 마소
티끌세상에서도 태백호[13]를 다시 본다오.

有髮僧

非俗疑僧反有毫。百忙不到一身孤。
錦城花柳前生夢、洛社風流幾個豪。
物外觀心歸寂滅、靜中覓道覺虛無。
尋禪莫向山門去、塵界還看太白胡。

---

13) 太白胡. 당나라 시인 잠삼(岑參)이 지은 「태백호승가(太白胡僧歌)」에 "창가에서 석장으로 두 호랑이 싸움 말리고, 침상 밑의 바리때엔 한 마리 용을 가뒀다네[窓邊錫杖解兩虎 牀下鉢盂藏一龍]."라고 하였다. 호(胡)는 외국인이니, 태백산(太白山) 중봉(中峯) 꼭대기에 살던 수백 살 먹은 인도 고승이 깊은 못에 사는 악독한 용을 잡아 그릇에 가둬 버렸다고 한다.

항아리 속의 촛불[14)]

작은 항아리가 어둠과 밝음을 속여
칠흑 같은 밤에 한 줄기 빛 살아나네.
가슴 깊숙이 달빛을 배고
입은 뜨거워 천둥소리를 토해내네.
가리면 화장거울도 감춰졌다가
열면 눈 앞에 불꽃이 아른거리네.
세상 사는 게 이와 같아야 하니
때로는 이름을 숨기는 것도 좋지.

缸中燭

小缸欺晦明。漆夜一光生。
胸深胎月色、口熱吐雷聲。
掩時粧鏡鎖、開處眼花成。
在世當如此、隨時可隱名。

---

14) 감옥에서는 촛불 켜는 것을 금했으므로, 항아리 안에 감춰 두고 몰래 켰다고 한다.

옥에서 준 이불

옥살이하며 임금님께 감사드리니
옷과 이불을 내게까지 내려 주셨네.
세밑 추위에 궁박한 죄수 거처에
밤새도록 잠든 소리 포근하였네.
몸에 덮으면 소름이 줄어들고
얼굴 가리면 땀방울이 흘러내려,
무서운 바람서리를 막아 주시니
임금님 은혜를 이루 말할 수 없네.

官衾

囹圄感聖明。衣被及吾生。
迫歲窮囚處、終宵穩睡聲。
着身寒栗滅、掩面汗珠成。
爲防風霜惻、君恩不可名。

눈

하루 밤 춥더니 나뭇가지에 눈이 가득해
창 열다 조물주 조화가 신기해 깜짝 놀랐네.
앙상한 매화 빛이 덜해 아내는 아무 말 없고
잠자던 학도 자취 감춰 나그네 알지 못하네.[15)]
바람 스친 동산 숲에 꽃이 활짝 피고
달 밝은 누각에 옥구슬 깔려,
시 지어 맑은 흥취를 풀어보자고
산음에 홀로 배 저어 벗 찾아가네.[16)]

雪

一夜寒生雪滿枝。開窓驚覺化工奇。
瘦梅減色妻無語、眠鶴藏痕客不知。
風度園林花爛熳、月明樓閣玉參差。
題詩欲記淸狂興、孤棹山陰訪友時。

---

15) 송나라 시인 임포(林逋)가 평생 장가들지 않고 자식이 없었으므로, 매화를 심어 아내로 삼고 학을 길러 자식으로 여겼다. 그래서 매처학자(梅妻鶴子)라는 말까지 생겼다. 그의 전기는 『송사(宋史)』 권457에 실려 있다.

16) 왕휘지(王徽之, 338~386)가 산음에 살 때 한밤중에 눈이 크게 내리자, 갑자기 대안도(戴安道)가 보고 싶어졌다. 그때 대안도는 섬계에 살고 있었으므로, 밤에 작은 배를 타고 그를 찾아나섰다. 하루 밤이 지나서야 그의 집에 이르렀지만, 문 앞에 이르자 들어가지 않고 그냥 돌아왔다. 사람들이 그 까닭을 묻자, 그가 이렇게 대답하였다. "홍이 나서 찾아왔는데, 홍이 다했으니 돌아가는 것이다. 어찌 반드시 친구를 만나야만 하랴?" -『세설신어(世說新語)』

국가의 경사스런 날

문무백관이 자식처럼 다투어 모여드는데
밝은 시대에 버림받았으니 재주 없음이 부끄럽구나.
상서로운 노을에 매화도 기운 받아 되살아나고
상서로운 구름이 달을 품었다가 새로 토해내네.
은택이 감옥에까지 미쳐 백성들 칭송하니
종묘사직에 영광이 더해져 황제폐하 훌륭하셔라.
미천한 정성 만세 반열에 참여치 못해
북창에 기대어 대궐만 슬피 바라보자니 의욕이 싸늘해지네.

國慶

文武爭趨庶子來。 明時落拓愧無才。
瑞靄醫梅蘇瘦骨、 祥雲孕月吐新胎。
澤及監牢民頌矣、 榮添宗社帝休哉。
微誠不與呼崇列、 依北悵望意欲灰。

저녁노을

만고에 인생이 이 사이에 늙어가
하늘가로 고개 돌리니 새만 돌아가네.
여위신 어머니[17]는 흰 머리 걱정하시니
세월 빨라 거울 속에 홍안이 애석하구나.
한 마을 연기가 갈대꽃 강물과 어우러지고
반쯤 단풍 물든 산에 가을빛 밝은데,
나그네 돌아가지 못하고 오늘도 저물었으니
가는 구름 어디쯤 내 고향인가.

落照

萬古人生老此間。天涯回首鳥空還。
影薄萱堂憂白髮、光催粧鏡惜紅顔。
一村烟合蘆花水、半面秋明赤葉山。
客子未歸今又暮、征雲何處是鄕關。

17) 萱堂. 훤초(萱草)를 망우초(忘憂草)라고도 하는데, 여인들이 안마당에 심고 바라보면서 시름을 잊었다고 한다. 훤초의 어린 싹을 나물로 만들어 먹으면 취한 느낌이 들어 시름을 잊었다고도 한다. 그래서 부인이 사는 안마당에 훤초를 많이 심었으며, 어머니를 훤당(萱堂)이라고도 불렀다.

열국 교행

나라들이 서로 통하는 길 만 갈래나 되어
오가는 사신들의 깃발이 날마다 하늘에 나부끼네.
바다에 닿은 해관의 창문들은 달빛같이 환하고
번개같이 달리는 차바퀴들은 구름다리를 함께 건너네.
병기들은 강태공[18]의 묘한 재주를 빼앗고
인물들은 서시[19]와 아름다움을 다투니,
진나라가 호시탐탐 노린다고 어찌 걱정하랴
여섯 나라[20]가 힘 합해 맞서면 되리.

列國交行

疆域交通路萬條。 連天冠盖日飄飄。
海接戶牖同月燭、 電馳車轂共虹橋。
兵機盡奪太公妙、 人物爭誇西子嬌。
虎視耽秦何足患、 六鷄聯翮幷翹翹。

---

18) 姜太公. 원문의 태공(太公)은 주(周)나라 무왕(武王)을 도와 천하를 통일한 여상(呂尙)을 가리킨다. 문왕의 스승이어서 태공망(太公望) 사상보(師尙父)라 불렸는데, 강씨였기에 흔히 강태공(姜太公)이라고도 불렸다.

19) 西施. 원문의 서자(西子)는 춘추시대 월(越)나라 미녀인 서시(西施)이다. 월왕 구천(句踐)이 회계에서 패하자 오왕 부차(夫差)에게 서시를 바쳐, 오왕이 미녀에게 빠져 정사를 돌보지 못하게 하려 했다.

20) 六鷄. 전국시대 소진(蘇秦)이 6국을 연합하여 진(秦)나라에 대항했던 사실을 비유한 말이다.

소나기

대낮에 여러 산들이 갑자기 어두워지더니
청개구리 두어 번 개골거리며 우네.
한바탕 빗줄기가 장안으로 몰려가더니
어느새 천 살이 바다를 쏘네.
동쪽 마을에선 이미 선비의 보릿단 떠내려 보내고
서쪽 둔덕에선 농사꾼의 술 단지들을 다투어 깨트리니,
온 산골 바람과 천둥소리가 천지를 뒤흔들어
놀란 새들이 어지러이 낮은 담을 넘어오네.

驟雨

白晝羣山晦薄言。綠蛙俄報兩三番。
倏焉一陣歸城市、頃刻千箭射海門。
東里已漂儒子麥、西疇爭破野人樽。
風雷萬壑掀天地、驚鳥紛紛過短垣。[21)]

---

21) 원문에는 탄(坦)으로 오기. 이 시는 평성(平聲)의 원운(元韻)을 썼으므로, 탄(坦)이 아니라 원(垣)자를 써야 맞다. 언(言)·번(番)·문(門)·준(樽)·원(垣)은 모두 평성(平聲)의 원운(元韻)에 속하는 운자(韻字)들이지만, 탄(坦)은 상성(上聲)의 한운(旱韻)에 속하는 운자이며, "평탄하다"는 뜻이어서 문맥에도 맞지 않는다.

그림 속의 학

벽화에 봄이 깊어 학이 조는데
장기 두고 거문고 타는 소리가 서로 어우러지네.
마음은 갈매기와 백로 찾아 물가로 돌아가는데
따뜻한 못에서 멱 감는 원앙을 부러워하네.
소동파는 배 안에서 너를 꿈꾸고
용면거사[22]의 붓 아래 많은 이야기 있었건만,
선생들 떠난 뒤에 매화도 함께 늙고
화폭 속 네 모습도 눈썹에 눈 가득하구나.

畵鶴

畵壁春深倦睡時。棊聲琴韻摠相宜。
魂尋鷗鷺歸長渚、羞伴鴛鴦浴暖池。
蘇子舟中應有夢、龍眠筆下更多私。
先生別後梅俱老、幅裏形容雪滿眉。

---

22) 龍眠居士. 용면(龍眠)은 송나라의 유명한 화가 이공린(李公麟, ?~1106)의 호이다.

바둑 연구 배율[23)]

고당에 여름날이 길고 길어서
마주앉아 바둑 두며 세월 보내네.
바둑알 여기저기 흩어져 놓이니
기묘한 꾀가 가을 물처럼 서늘하구나.
제 몸 보존한 뒤에 싸워야겠지만
적과 맞서 싸우는 중이라 한창 바쁘구나.
때로는 산음의 별장을 걸기도 하고
가을 깊어지면 향기로운 귤을 걸기도 하네.
긴 모래벌판에는 기러기가 진을 치고
갓길엔 말이 날아갈 듯 몸을 감추었구나.
나무꾼은 도끼자루 썩는 줄 몰랐고[24)]
두보의 처는 종이에다 바둑판 그렸지.[25)]

---

23) 排律. 한시(漢詩)의 한 체로, 오언(五言) 또는 칠언(七言)의 대구(對句)를 여섯 구 이상 배열한 시를 말한다. 당나라 때에 6운(韻) 12구의 배율로 인재를 선발하여 6운 12구가 배율의 정격(正格)이 되었으나, 많게는 100운 내지 150운까지 지었다.

24) 樵客爛柯夢. 난가몽(爛柯夢)은 남조(南朝) 양(梁)나라 임방(任昉, 460-508)이 지은 『술이기(述異記)』에 실린 이야기이다. 진(晉)나라 때 왕질(王質)이 나무를 베러 갔다가, 동자 몇 사람이 바둑을 두며 노래하는 것을 보고 있었다. 동자가 대추씨 같은 것 하나를 주어먹고 나니, 배고픈 줄을 몰랐다. 얼마 있다가 동자가 "왜 안 가느냐?" 하기에, 왕질이 일어나 도끼자루를 보니 어느새 다 썩었다. 집으로 돌아와 보니 당시의 사람은 하나도 없었다. 그 뒤로 '난가(爛柯)'는 세월의 빠름과 인사의 변천을 이르는 말이 되었다.

25) 杜妻畫紙商.
늙은 아내는 종이에 그려 바둑판을 만들고
어린 자식은 바늘을 두드려 낚시를 만든다.
老妻畫紙爲棋局, 稚子敲針作釣鉤. -杜甫「江村」

승부는 형세에 따라 옮겨 갈 테니
솟았다 굽히면서 기회를 엿보아야지.
에워싸인 곳에선 번개처럼 달아나고
의심나면 미리 꾸며 놓아야 하네.
동에서 소리내어 서쪽을 칠 생각하고
가운데가 끊어지면 바깥에서 응수하네.
손가락 따라 꽃잎이 천점이더니
바둑판 끝나자 돌이 한 마당일세.
병사들이 교만하면 도리어 패하게 되니
신의 한 수는 속임수를 싫어하네.
득실을 알려면 만촉[26]의 싸움을 보라
거짓과 진실은 송양[27]을 비웃네.
소리도 없이 종일토록 이야기 하느라고
호적수끼리 해 기울 때까지 앉았구나.
한 판 대국에 세상이 변해가고
두 집안의 병졸들은 강해져 가네.
신선 땅이 어느 곳인가
구름과 물 흐르는 곳에서 한 판을 두네.

---

26) 蠻蜀. 달팽이의 왼쪽 뿔에 있는 나라를 촉씨(觸氏)라 하고, 오른쪽 뿔에 있는 나라를 만씨(蠻氏)라 하는데, 때때로 땅 때문에 서로 싸워서 시체가 수만이나 되었다. 드디어 패하여, 15일 뒤에야 돌아왔다(有國於蝸之左角者, 曰觸氏, 有國於蝸之右角者, 曰蠻氏, 時相與爭地而戰, 伏尸數萬, 逐北, 旬有五日而反.) -『장자(莊子)』「즉양(則陽)」
원문의 만촉(蠻蜀)은 만촉(蠻觸)이니, 작은 일로 다투는 것을 가리킨다.

27) 宋襄. 송양지인(宋襄之仁)의 고사를 가리키는데, 바보스러운 행동을 비유한 말이다. 송나라 양공(襄公, ?~BC 637)이 초나라와 홍수(泓水)에서 싸우게 되었는데, 강을 건너지 말고 진을 치자는 부하의 말을 듣지 않고, 의기만 세우다 패하여 세상의 비웃음을 샀다.

圍棋 聯句排律

高堂夏日長、對局送年光。
落子零星散、奇謀秋水凉。
自存然後戰、交敵此中忙。
時賭山陰墅、秋深橘裡香。
長沙雁陣結、邊路馬飛藏。
樵客爛柯夢、杜妻畫紙商。
輸贏尋勢去、起伏察機詳。
圍處金蛇走、疑時木豫粧。
東聲西擊意、中斷外應量。
隨指花千點、終枰石一場。
兵驕還見敗、神訣却嫌佯。
得失看蠻蜀、假眞笑宋襄。
無聲談盡日、敵手坐斜陽。
一局風塵變、兩家士卒强。
仙闕何處是、相對水雲鄉。

연기

큰 마을에 해가 기울자
연기가 어슴푸레 나뭇가지를 감싸네.
시냇가에 남아 있는 저녁노을을 건너니
골짜기를 에워싼 저녁노을 더디구나.
짙은 녹음이 성긴 버들 감추고
낮게 날며 키 작은 울타리를 휘감네.
바람 따라 흩어졌다 다시 모이고
물 위에 엉겼다가 다시 떨어지네.
주렴같이 펼쳐진 산들 앞에선 홀연히 사라지니
햇빛에 비춰보는 실오라기같이 엷구나.
개인 뒤엔 빛깔 더욱 산뜻해지고
저녁 지나자 그윽한 정취를 불러일으키네.
차 끓이니 그 연기 푸른 전서처럼 비스듬히 올라가고
향나무를 태우면 자주색 연기가 갈라져서 오르네.
온 나라는 구주를 점찍은 듯한 연기로 아득하고
촛불 연기가 마을을 옮겨가네.
못 위의 달빛은 은은히 그림자를 끌고
물가의 구름도 은근히 함께 하네.
매화나무를 지나가며 흰 눈인가 의심케 하더니
대숲 뚫고 지날 때엔 잔잔한 못물처럼 가라앉네.
꽃 속에선 벌들이 길을 잃게 만들고
나뭇가지 사이에선 새의 날개가 사라지게 하네.

곧바로 나아가니 굽은 길이 없고
높이 솟았다가 낮게 가라앉기도 하네.
가볍고도 엷어서 잠깐 사이에 사라지지만
아득히 멀어져도 오래도록 알 수가 있네.
오동나무를 태우면[28] 거문고 기운으로 화하고
돌이 탈 때에는 옥의 정기가 슬프네.
세태가 끝내 이와 같으니
환상적이고 기이함이 가장 옳지 않네.

烟

萬戶日斜時。依依擁樹枝。
臨溪殘靄渡、繞谷晚霞遲。
濃綠藏疎柳、低飛鎖短籬。
隨風散復合、凝水接還離。
忽失當簾峀、薄如鬲日[29]絲。
露餘添活色、夕後惹幽思。
煮茗斜靑篆、燒檀擎紫歧。
齊洲九點[30]遠、漢燭五家[31]移。

---

28) 오동나무를 태우면 불타는 소리가 맑아 이 오동을 거문고 재료로 이용한다. 불타다 남은 오동으로 만든 거문고를 '초미금(焦尾琴)'이라 하니, 타다 남아 끝이 불탄 흔적이 있다 하여 얻은 이름이다.

29) 鬲日. 『고금운회거요(古今韻會擧要)』 맥운(陌韻)에 "격(隔)자는 격(鬲)과 통하여 쓴다[隔, 通作鬲]"라고 하였다. 원문의 '오지병 격(鬲)'자는 부수이기도 한데, 여기서 '격일(隔日)'은 "해를 사이에 두고"라는 뜻이다.

潭月微拖影、渚雲暗共儀。

過梅疑白雪、穿竹倒平池。

花裡迷蜂勢、條間翳鳥翅。

直行無曲路、高出有低期。

輕薄須臾盡、杳茫許久知。

爨桐琴氣化、焚石玉精悲。

世態終如此、幻奇[32]最不宜。

---

30) 九點. 구점연(九點煙), 즉 높은 곳에서 천하를 내려다 보면, 연기가 구주(九州)를 점찍은 듯하다는 뜻이다.

31) 五家. 5가구이다. 고대에 동리 편제의 한 단위로, 오가(五家)를 일비(一比)라 하였다.

32) 원문에는 유기(幼奇)로 오기.

어부

인간의 모든 일 마치고 나서
옛 낚시터에 돌아와 고기를 낚네.
살아온 자취를 강호에 감추니
생애가 비 연기 속에 성글구나.
한 동이 술에 산 그림자 푸르고
외로운 돛단배에 달빛만 희미하네.
갈매기 해오라기와 언약을 하니
바위와 구름도 함께 지내네.
단풍잎에 찬 서리 가득한 뒤에
늦게 핀 갈대꽃에 찬 이슬 갓 내리는데,
노래 그치자 물결도 고요해지고
꿈 깨니 저녁 밀물이 들어오누나.
칠리탄 엄자릉[33]을 스승으로 삼고
삼려대부 굴원을 벗으로 삼아,
긴 하루가 낚싯대 끝에 저물어 가면
바람 따라 조각배 갈 데로 가네.
세상사 흥망성쇠를 웃음에 부치고
한평생 궁달을 운명에 내맡기네.

---

33) 嚴七里. 한(漢)나라 엄광(嚴光, BC 39~BC 41)을 가리키는데, 자릉(子陵)이라는 자로 더 잘 알려졌다. 엄광이 광무제(光武帝, BC 6~AD 57)와 어린 시절의 친구였는데 광무제가 황제로 즉위하자 숨어 나오지 않았다. 어렵게 그의 거처를 찾아 불러들여 간의대부(諫議大夫)로 삼았지만 굴하지 않고, 부춘산(富春山) 칠리탄(七里灘)으로 들어가 80여 세로 생을 마쳤다.

담[34]에 들어가선 회를 즐기지 않고
제나라에 가선 책에 쓰지 않았지.
장인은 갈대 밖에서 자고
유자[35]는 여울 가에서 먹네.
명예나 이욕은 허튼 꿈이니
아아! 부귀도 헛일이구나.
도롱이 입기를 비단옷보다 낫게 여기니
거룻배 타느라 수레도 아예 잊었네.
어기여차 배 젓는 소리 속에 멋이 있으니
초가에 눈 내리면 얼마나 아름다우랴.

漁父

人間萬事餘。歸釣舊磯魚。
踪跡江湖隱、生涯煙雨疎。
一樽山影碧、孤帆月光虛。
鷗鷺同尋約、岩雲也幷居。
寒楓霜滿後、晩荻露凉初。
曲罷滄浪靜、夢醒暮汐噓。
可師嚴七里、與子屈三閭。

---

34) 郯. 지금의 산동성 담성(郯城) 일대에 있던 작은 나라로, 전국 초에 제나라에 멸망당했다. 제나라와 대우(對偶)로 썼는데, 특별한 출처는 보이지 않는다.

35) 儒子. 선비라는 뜻인데, 문맥이 통하지 않는다. 장인에는 여러 가지 뜻이 있는데, '어른'이라는 뜻으로 사용했다면 유자를 '孺子(어린이)'로 써야 대우(對偶)가 된다. 그러나 이 경우에도 특별한 출처는 보이지 않는다.

白日竿頭盡、斜風葦所如。

興亡付笑指、窮達任居諸。[36]

入鄭非耽膾、適齊不記書。

丈人蘆外宿、儒子灘邊茹。

名利尋常夢、嗟呼富貴墟。

衣簑猶勝錦、駕艇欲忘車。

欸乃聲[37]中趣、何如雪草蘆。

---

36) 居諸. 『시경(詩經)』 「패풍(邶風)」의 "日居月諸, 胡迭而微."라는 구절에서 나온 말인데, 날자나 시간의 지남. 곧 세월을 가리킨다.

37) 원문에는 관내성(欵乃聲)으로 오기. 애내성(欸乃聲)은 노 젓는 소리로, 뱃노래를 뜻한다. 주자(朱子)의 「무이구곡시(武夷九曲詩)」에 "欸乃聲中萬古心"이라 하였다.

나무꾼 칠언절구 2수

1. 온 산에 나뭇잎 떨어져 가을을 한 짐 짊어지니
   등 뒤에서 바람결에 나뭇잎 소리 들리네.
   절문 앞 돌길에 해는 비끼는데
   숲속 연기 이는 곳에 글방이 있네.

樵夫　七絶二首

滿山落木一擔秋。背上西風葉語流。
石徑招提斜日下、林煙起處有書樓。

2. 산 위에서 도끼자루 삭고 몇 년이나 지났던가
   바둑 두던 집에 우연히 이르고 보니 세월이 흘렀구나.
   나무꾼은 피리 불며 소 타고 갔으니
   흰 구름 가까운 곳에 신선의 누각이 있네.

爛柯山上幾經秋。偶到棊園歲月流。
樵笛數聲騎犢去、白雲咫尺是仙樓。

술꾼 연구 배율

취한 채로 가을 기러기 긴 모래밭에 앉는 걸 보니
무슨 일로 가의[38]는 그리 탄식했던가?
고양 땅의 술꾼[39]과 더불어 휘파람 길게 불고
노을을 지팡이 삼아 그대와 조북[40] 땅으로 가리라.
석 잔 술에 탁자 두드리니 단풍잎 우수수 떨어지고
한 자루 검으로 진심을 논하니 해가 기우네.
산동에서 함께 술 마시며 길게 읍[41]하던 나그네
계북[42]에서 서로 만나니 일편단심이로다.

---

38) 賈誼. 원문의 가생(賈生)은 한(漢)나라 가의(賈誼, BC 200~BC 168)이다. 20세에 문제(文帝, BC 202~BC 157)에게 불려 박사(博士)가 되었으나, 대신들의 시기로 축출되어 장사왕(長沙王)의 태부(太傅)가 되었으며, 뒤에 양(梁)나라 회왕(懷王)의 태부(太傅)가 되기도 했으나, 33세에 죽었다. 그래서 '가장사(賈長沙)' '가태부(賈太傅)'라 하고, 소년의 수재라 하여 '가생(賈生)'이라고도 한다. 가의가 비통한 심정으로 문제(文帝)에게 「치안책」을 올리면서 "삼가 일의 형세를 살펴보니 통곡할 만한 것이 한 가지요, 눈물을 흘릴 만한 것이 두 가지요, 장탄식할 만한 것이 여섯 가지입니다"라고 하였다.

39) 처음에 패공(沛公, 유방)이 군사를 이끌고 진류(陳留)를 지나는데, 역생(酈生)이 군문에 찾아와서 뵈려고 했다. 시자가 나와서 그를 거절하며 말했다. "패공께서는 선생을 만나실 수가 없습니다. 지금 천하를 통일하는 큰일 때문에 선비를 만나실 틈이 없습니다." 그러자 역생이 칼을 어루만지며 시자에게 꾸짖어 말했다. "빨리 달려가서 패공께 아뢰어라. 나는 고양의 술꾼이지, 선비가 아니라고." -『사기』「역생・육가전」

40) 趙北. 연・조(燕趙) 지역을 가리킨 말인데, 연조 지역에는 우국지사, 비분강개(悲憤慷慨)하는 선비가 많았다.

41) 長揖. 양 손을 끼고 이마에서 배까지 내려 절 대신에 행하는 예절이다. 한(漢)나라 고조(高祖, ?~BC 195)인 패공(沛公)이 의자에 걸터앉아 두 여인에게 발을 씻길 때, 역생(酈生)이 절하지 않고 장읍(長揖)을 하면서 "족하가 반드시 무도한 진(秦)을 칠 것이기에, 장자(長者)에게 구부려 절하는 것은 부당하다" 하였다. 『한서(漢書)』「고제기(高帝紀)」.

42) 薊北. 연(燕)나라 지역인 계주(薊州)의 북쪽 지방을 가리키는데, 예로부터 산세(山勢)

넘치게 따른 술잔은 술을 탐해서가 아니라
자기를 알아주는 사람에게 마음 활짝 열었기 때문일세.
우주의 영웅들은 불우함을 노래하고
강산의 나그네는 사치 못함을 슬퍼하네.
운안[43]의 맛있는 술에 얼굴 붉어지고
한수에 봄빛 비치면 녹두압[44]이 제 맛이지.
서로의 간담을 맘껏 풀어 헤치고
산(算)가지 놓아가며 마시는 판에 외상도 꺼리지 마세.
가을바람 소슬한데 칼로 뱀을 베어버리고[45]
호걸 홍취로 소요하며 삽을 메고[46] 다녔지.
술병 속의 천지는 세월을 잊어버리니
인간 세상 그 어디에 뽕나무와 삼을 심을 건가?

酒徒 聯句排律

醉看秋雁落長沙。何事賈生感慨多。

가 웅장하기로 이름났다.

43) 雲安. 운안현은 사천성(四川省)에 있는데, 두보(杜甫, 712~770)의 「발민시(撥悶詩)」에 "듣자하니 운안의 곡미춘은 한 잔만 마셔도 취한다고 하네[聞道雲安麴米春, 纔傾一盞卽醺人.]." 하였다.

44) 綠頭鴨. 원문의 녹압(綠鴨)은 머리 부분이 녹색인 오리이다. 송나라 이원(李遠)이 항주자사(杭州刺史)가 되었을 때에 녹두압을 즐겨, 귀한 손님이 오면 녹두압을 대접했다.

45) 한나라 유방(劉邦, ?~BC 195)이 거사하기 전에 술에 취해 길을 가다가 큰 뱀을 만나자 칼을 뽑아 베었다.

46) 죽림칠현의 한 사람으로 「주덕송(酒德頌)」을 지은 유령(劉伶)이 늘 술병을 들고 나가면서 삽을 메고 따라오게 하다가, 자기가 죽으면 그 자리에 파묻도록 하였다.

尋伴高陽長嘯發、與君趙北丈霞遐。

三盃擊卓寒楓語、一劍論心白日斜。

共飮山東長揖客、相逢薊北寸心家。

淋漓不是耽盃久、磊落其於知己何。

宇宙英雄歌不遇、江山行李哭奢遮。

雲安美味紅潮漲、漢水春光綠鴨嘉。

肝膽輪囷相許與、觥籌交錯莫嫌賒。

秋風簫瑟斬蛇劍、豪興逍遙荷锸車。

壺裏乾坤忘甲子、人間何處種桑麻。

노래하는 기생

제비처럼 속삭이고 꾀꼬리처럼 노래하며
깊은 골짜기 시냇가 꽃이 은근히 추파를 보내네.
한 곡조 끝나자 빈 뜰엔 파초에 듣던 빗소리 그치고
운치 맑고 깊은 정원엔 대숲 바람이 지나가네.
한 평생 귀에 익은 관현악 소리에
둘러앉아 애간장 타는 이들 모두 높은 분일세.
요지[47]의 이별 가락을 배웠는지
흐느끼는 소리 속에 흰 구름 피어오르네.

歌妓

巧傳鷰語轉鶯歌。幽谷溪花暗送波。
曲罷空庭蕉雨歇、韻淸深院竹風過。
一生慣耳惟絃管、四座斷腸盡綺羅。
學得瑤池離別調、戛然聲裏白雲多。

---

47) 瑤池. 곤륜산(崑崙山) 위에 있다는 전설상의 못으로, 서왕모(西王母)가 살았다고 한다. 목천자(穆天子)가 서왕모를 여기서 만나 술잔을 주고받았다고 한다.

닭 연구 배율

나무 끝에 걸린 해가 서쪽으로 지려 하자
닭 한두 마리가 산에서 내려오네.
꽃밭에서 한가로이 마시고 쪼아먹다가
오솔길에서 뛰어오르며 노는구나.
수탉의 깃은 봉황 자태 완연하고
암탉의 날개는 꿩의 빛깔 같아,
새벽엔 창가에서 나그네의 꿈을 깨우고
밤에는 문간에서 잠 잘 때를 알려주네.
뜻대로 풀리면 맹상군을 벗어나게[48] 하였으니
차라리 계자[49]라고 해야 하리라.
타작마당에서는 백번이라도 싸우다가
대나무 둥지에서는 함께 잠 자네.
어디를 가든 닭 우는 소리가 들려

---

48) 맹상군(孟嘗君)이 [진(秦)나라의] 함곡관에 도착했지만, 관의 법에는 닭이 울어야 나그네들을 내보내게 되어 있었다. 맹상군은 [진나라 군사들이] 곧 뒤쫓아올까봐 염려되었다. 그런데 식객의 말석에 닭울음소리를 잘 내는 사람이 있어, 그가 닭울음소리를 내자 다른 닭들도 함께 울었다. 그래서 봉전을 보이고 관문을 나섰다. 나간 지 한 식경이나 되어서 진나라 추격병들이 과연 함곡관에 도착했지만, 이미 맹상군이 관문을 나간 뒤라서 그대로 돌아갔다. -『사기』 열전 제15「맹상군전」

49) 季子. 전국시대의 유세객 소진(蘇秦)의 자(字)인데, 막내라는 뜻도 있다. 소진이 아직 뜻을 펴지 못하고 방황할 때는 주변 사람이나 집안에서도 멸시하다가, 6국의 재상인(宰相印)을 차고 나타나니 감히 쳐다보지도 못하였다. 소진이 형수에게 "왜 전에는 거만하더니 지금은 공손하오."하고 물으니, 형수가 "막내께서 지위가 높고 돈이 많기 때문이요."라고 하였다.

이웃 고을 밖에서도 울어대네.
봄철 밭에서는 여러 병아리들을 거느리고
아침에 모이 생기면 암탉들을 부르네.
돌부처는 밤에 목계 소리를 듣고[50]
제갈량은 낮에 진흙으로 닭을 만들었네.
낮에 우는 소리는 강마을 집까지 들리고
새벽에 우는 소리는 온 성을 감싸고도네.
고운 화관 연지를 머리에 이고는
눈밭에서 댓잎 같은 발자국을 남기네.

鷄 聯句排律

樹末日將西。下山一兩鷄。
花園閒飮啄、草徑逐高低。
雄羽鳳儀宛、雌翅雉色齊。
曉窓醒客夢、夜戶報人迷。
得意孟嘗出、寧爲季子提。
稻場鬪百戰、竹塢見同棲。
四境聲中達、六隣關外啼。
春田將衆子、朝粟喚諸妻。

---

50) 원문의 청목(聽木)은 확실치 않은데, 목계(木鷄)를 듣는다는 뜻인 듯하다. 목계는 수양이 깊어 남을 감복시키는 비유이다. 싸움을 잘하는 닭이 있는데, 나무로 만든 닭 같아서 다른 닭들은 보기만 해도 물러갔다. 그래서 덕이 있는 사람은 남들이 보기만 하여도 저절로 머리를 숙인다는 비유로 쓴다. 『장자(莊子)』「달생(達生)」에 나오는 이야기이다.

佛石夜聽木、武侯午作泥。

晝鳴聞水舍、晨喔繞城堤。

花冠臙戴頂、竹葉雪成蹄。

춤추는 기생

아름다운 여인이 풍악에 어울려 춤추니
나풀나풀 복사꽃이 물결을 쫓네.
바람에 나부끼는 나비 날개인가
달 아래 어른대는 학 그림자인가.
교태부리며 부채 사이로 추파 던지다가
수줍어 수건 들고 얼굴 가리네.
펄럭이는 소맷자락 깃이 돋친 듯
선녀가 사람을 놀리는 게지.

舞妓

佳姬名舞擁笙歌。輕薄桃花逐亂波。
翻愛蝶翅風外倒、閃疑鶴影月中過。
送眸嬌態頻窺扇、滿臉羞痕故掩羅。
雙袖翩翩如羽化、分明仙子弄人多。

운을 부르다 2수

1. 옷이 다 떨어져 이가 끓는구나.
   고기가 없어 칼 두드리며 슬퍼하네.[51)]
   부질없이 기나라 근심[52)]까지 품었으니
   마음이 흩어진 실오리 같구나.

呼韻 二首

有虱弊衣歎、無魚彈鋏悲。
空懷杞國慮、心緒亂如絲。

2. 마구간에 엎드린 천리마 먼 길 꿈꾸고
   농 속에 갇힌 새는 옛 둥지 그리네.
   감옥 속 추운 겨울에
   하루 해 다하도록 이불만 끼고 있네.

櫪驥思長路、籠禽憶舊林。
禁中寒十月、盡日擁重衾。

---

51) 제(齊)나라 사람 풍환(馮驩)이 가난하여 맹상군(孟嘗君)에게 의탁해 지냈는데, 채소 반찬만을 먹게 하였다. 풍환이 기둥에 기대서서 칼을 두드리며 "긴 칼을 찬 사람아! 돌아가거라. 식탁에 고기반찬이 없구나."라고 노래하였다. 벼슬 구하는 사람이 자신을 알아주기 바라는 마음을 표현한 말이다.

52) 기(杞)나라의 어떤 사람이 하늘이 무너지고 땅이 꺼지면 몸 붙일 곳이 없을까봐 걱정되어, 먹고 자는 것을 다 잊었다. -『열자』

『평산냉연』을 읽고서 느낌을 적다

몇몇이나 용같은 자태와 봉황 같은 의표였나?
네 명의 재인이 천추의 비단 같은 문장일세.
탁문군[53]과 나란함을 오늘에야 보았고
태백성[54]이 함께 났음도 기이한 일이로다.
영웅 준걸 인연 찾으니 상서로운 제비 이르렀고
밝고 밝은 형상 있으니 상서로운 별이 움직였네.
풍류로 남긴 그 아름다운 시구들은
길이길이 시인으로 하여금 애간장을 태우게 하네.

讀平山泠燕有懷

幾個龍姿與鳳儀。千秋錦繡四才兒。
文君幷對而今見、太白雙生亦世奇。
英俊尋緣祥鷰到、聖明有像瑞星移。
風流遺得芳香句、長使詩人動燥脾。

53) 卓文君(BC 175~BC 121). 한나라 문장가 사마상여(司馬相如)의 부인인데, 시인으로 이름났다.

54) 太白星. 장경성(長庚星)이라고도 하는데, 초저녁 서쪽 하늘에 보인다. 당나라 시인 이백(李白, 701~762)의 어머니가 장경성 태몽을 꾸고 아들을 낳았다 하여, 이백의 자를 태백(太白)이라 하였다. 우리나라에서는 이태백이라는 이름으로 널리 알려졌다.

얼어붙은 시내

시냇물이 얼어붙고 눈까지 쌓여
물소리가 베개머리에 들리지 않네.
달 없는 밤인데도 다리가 희끗 뵈고
온 집이 산처럼 싸늘하구나.
북풍은 외진 곳에 더 찾아오니
인간 세상에 봄소식이 더디기만 하구나.
숨어 사는 늙은이에게 풍경 더욱 고요해
밤새도록 매화 아래 학이 꿈꾸네.

聾川

澗水氷深雪滿關。鳴川不復枕邊還。
短橋虛白無聲月、繞屋寒生不語山。
恨有北風先僻處、願敎東帝後人間。
幽翁添得林泉靜、竟夜梅床鶴夢閒。

괴석

망부석[55] 진면목도 늙어지면 가여우니
옥보다 밉다 곱다 비교치 마소.
여와씨[56]가 다듬다가 남은 돌인가
진시황의 채찍에 몰려온 자취인가.
혼백이 가을 구름과 함께 꿈속에 들고
몸뚱이는 봄 이끼와 새로운 인연 맺었으니,
천년의 행적을 누구에게 물어보랴.
한 조각 타산지석이 저녁연기에 들어오네.

恠石

望夫眞面老堪憐。 莫將荊玉較媸娟。
女媧鍊後遺形變、 嬴帝鞭前遁跡先。
魂與秋雲歸幻夢、 身依春蘚結新緣。
千年古蹟憑誰語、 一片他山入暮烟。

---

55) 望夫石. 중국 호북성 무창 북산에 망부석(望夫石)이 있다. 옛날 어느 열녀가 국난에 징병되어 간 남편을 북산에 올라가 날마다 바라보다가 그대로 돌이 되었다고 한다.

56) 女媧氏. 원문의 여와(女媧)는 중국 신화 속에서 인간의 창조와 혼인을 주관한 여신(女神)이다. 공공씨(共工氏)가 축융씨(祝融氏)와 싸워 이기지 못하자 화가 치밀어 부주산(不周山)을 받아 무너뜨리자, 하늘을 받치고 있던 기둥이 부러지고 땅을 동여매고 있던 밧줄이 끊어졌다. 그때 여와씨가 오색 돌을 제련하여 하늘을 깁고 자라의 다리를 잘라 사방의 끝에 기둥으로 세웠다는 전설이 『회남자(淮南子)』에 실려 있다.

검은 삽살개[57]

평생 얼굴을 잘도 구별해
아는 이 만나면 마냥 반기네.
사슴이 내려오다 문득 놀라고
학이 돌아오면 밤에도 짖네.
괴생[58]이 주인 알아본다 했으니
이씨 재상도 너만은 못하구나.[59]
눈 쌓인 사립 밖에 손님이 지나가자
달 아래 짖는 소리가 산을 울리네.

青狵

平生善辨容。逢舊意偏濃。
鹿下秋驚葉、鶴歸夜吠松。
蒯生知爲主、李相不如儂。
客度柴門雪、聲聲月一峯。

---

57) 青尨. 원문의 청방(青狵)에서 청(青)은 짐승의 털에 쓰일 때는 검은 색을 뜻한다.

58) 蒯生. 한고조(漢高祖) 때 한신(韓信, ?~BC 196)의 변론가로 괴통(蒯通)으로 불린다. 한신이 제나라 지역을 장악하여 제왕(齊王)이 되고 난 뒤에 괴통이 한신에게 스스로 자립하여 유방(劉邦, ?~BC 195), 항우(項羽, BC 232~BC 202)와 삼분천하(三分天下)하기를 권하였으나 한신은 듣지 않았다. 뒤에 한신이 유방에게 죽임을 당하게 되었을 때 괴통의 말을 듣지 않았던 것을 후회하는 것을 보고, 유방이 괴통을 잡아들여 죄를 물었다. 그러자 괴통은 "그 당시 저는 제왕 한신만 알았지 폐하는 몰랐습니다[當彼時, 臣獨知齊王韓信, 非知陛下也.]."라고 대답하였다.

59) 진나라 재상 이사(李斯, ?~BC 208)가 함양 시장에서 처형당하며 개를 보고 부러워하였다.

눈 내린 달밤

하늘과 땅이 한 빛이 되니
동서가 아득해 분간치 못하겠네.
염호[60]는 층계 돌 위에 버티고
옥룡들은 늙은 오동나무에서 싸우네.
구름과 노을이 맑은 그림자를 옅게 하고
봉우리와 구렁을 같은 색으로 만들었네.
다만 봄소식 모를까봐 걱정했는데
매화가 홀로 붉게 피었구나.

雪月

乾坤一色中。渺漠失西東。
鹽虎盤層石、玉龍鬪古桐。
雲霞淡影減、峰壑素心同。
只怕春無跡、梅花獨點紅。

---

60) 鹽虎. 눈이 쌓인 층계 모습이 마치 범과 같다는 말인데, 그만큼 눈이 많이 내렸다는 뜻이다. 염호(鹽虎)는 『춘추좌씨전(春秋左氏傳)』 희공(僖公) 30년 조에 나오는 말로, 소금을 굳혀 호랑이 모양으로 만든 것을 말한다. 이것이 눈과 관련된 고사가 된 것은 한기(韓琦)의 시에서 비롯되었다. 그의 시에 "바위에 눈이 덮여 염호 빠진 듯하고, 휘어진 늙은 가지에 옥룡이 차가워라[危石蓋深鹽虎陷, 老枝擎重玉龍寒.]."라는 구절이 있는데, 바위에 눈이 쌓이자 그 모습이 마치 염호와 같이 보이고, 눈으로 휘어진 가지에는 마치 옥룡이 서려 있는 듯하다는 말이다. 이후로 염호와 옥룡은 눈을 비유하는 말로 쓰인다. -『안양집(安陽集)』 권17 「임자십일월이십구일시설방흡(壬子十一月二十九日時雪方洽)」

소

한평생 마음 지키며 제 힘으로 살아왔으니
혼탁한 세상 영천 물을 마시지 마소.[61]
제나라 선왕은 양으로 바꿔[62] 은혜 베풀고
전단은 용을 그려[63] 공을 세웠네.
제갈공명은 나무 소를 만들고[64]
견우는 직녀가 걸을 때마다 연꽃 피어나는 걸 보았지.
봄날 밭 다 갈고 저물녘에 돌아가다가
복숭아밭 나루터에서 나룻배를 부르네.

牛

一生食力保心天。濁世恐君飲潁川。
羊易梁王[65]施惠日、龍成齊將樹功年。

---

61) 요(堯)임금이 고상한 선비 허유(許由, ?~BC 2244)에게 천하를 물려주려고 하자 허유가 거절하고 기산에 들어가 영수(潁水)의 흐르는 물에 귀를 씻고 은거하였다. 소부가 소를 끌고 오다가, 더러운 물을 소에게 먹일 수 없다고 끌고 가버렸다.

62) 제(齊)나라 선왕이 제사에 쓰려고 끌려가는 소가 벌벌 떠는 것을 보고 불쌍하게 여겨 소를 죽이지 말고 양으로 바꿔 죽이라고 명하였다. 그러나 결국은 양이 죽었으니 소는 눈앞에서 보았기 때문에 불쌍했고, 양은 눈앞에서 보지 못했기 때문에 불쌍한 줄 몰랐던 것이다.

63) 원문의 제장(齊將)은 제(齊)나라 장수 전단(田單)을 말하는데, 연(燕)나라와 맞서다가 연나라가 해이한 틈을 타서 맬감을 실은 소에다 불을 질러 공격하여 제나라가 잃은 70여 성을 되찾았다.

64) 삼국시대 촉한(蜀漢)의 승상 제갈량(諸葛亮, 181~234)이 남만(南蠻)을 평정할 때에 촉도(蜀道)가 너무 험해서 목우(木牛)와 유마(流馬)를 만들어 군량미를 운반하였다.

驅使武侯形幻木、 牽同織女步看蓮。

耕罷春田歸暮日、 桃林野渡喚津舡。

65) 梁王. 즉 양혜왕(梁惠王)이라고 한 것은 이승만이 혼동한 듯하다.

호랑이

온갖 짐승 다투며 달려도 한 휘파람 앞이니
산중에는 오직 나만이 바람과 안개 주관하지.
위엄 있게 천지를 거닐다 번개처럼 공격하며
굶주려도 영웅이라 대낮에도 잠이 드네.
밤 골짜기에 눈동자 부릅뜨면 촛불을 매어 단 것 같고
봄 숲에 이슬 맞은 몸은 천금처럼 아롱지니,
다른 살쾡이 무리들 서로 크다며 비웃지만
골짜기 안의 그 위엄 권세 감히 이어가기나 할까?

虎

百獸爭趨一嘯前。山中惟我管風烟。
威行天地迅雷擊、飢到英雄白日眠。
夜谷開眸懸兩燭、春林露體點千錢。
笑他狸屬渠相大、洞裏威權敢遞傳。

아내의 원망

1. 그리다 지쳐 밤마다 쓸쓸하네.
그리운데다 춥기까지 해 꿈마저 어지러워라.
님의 마음이야 내 마음같이 괴롭게 되어도
꿈속이 혼이 내 집 창까지 오지는 않으실테지.

閨怨

相思苦處夜偏寒。思苦夜寒夢亦難。
若使郎心如妾苦、夢魂不到玉牕欄。

2. 끝없는 내 시름이 봄 물 같으니
외로운 난새[66]가 옥창에 갇혀 있네.
복사꽃 오얏꽃이 시들어도 임 오시지 않고
발 걷으니 비낀 해가 서산에 지네.

妾愁無限等春江。空使孤鸞鎖玉窓。
桃李花殘郎不到、捲簾斜日下西岡。

66) 鸞. 난새는 봉황(鳳凰)과 비슷한 중국 전설 속 상상의 새로, 암수 금실이 좋았다고 한다.

임 생각

세월아! 아낙네 위해 흐르지 말라.
짝 잃은 난새를 어찌 하려나.
외로운 새는 달밤에 자주 놀라고
돌아온 기러기는 고향 가을 가득 실었네.
그리울 때마다 연꽃 따는 노래 불렀지.
버들 보고 몇 번이나 시름 더했던가.
타향살이 이다지도 초췌하다니
인간 세상에 이별하면 어쩔 수 없네.

褢人[67]

莫教閨裏歲華流。其奈鏡鸞隻影遊。
獨鳥頻驚羈枕月、歸鴻遙帶故園秋。
每因思苦歌蓮曲、幾度愁添見柳樓。
欲問他鄉憔悴意、人間離別恨難收。

---

67) 원문에는 "회(褢)"자로 이는 "회(懷)"자의 고자(古字)임.

백허의 장편시를 공경히 받들어 쓰다[68]

우남[69]의 재예는 풍류로 넘쳐났건만
서양 말 알고 말하기를 놀러다니기보다 좋아하네.
새벽 창가에서 영미사(英美史)를 번역하였으니
그 필법에 사사로움 없어 춘추[70]에 이르렀네.
여섯 대륙의 역사와 여러 집안의 문적
만국 풍진의 역사가 곳곳에 쌓여 있네.
한 통의 법주를 저 강산 안에서 다하며
술에 늘 취했다 깨면 공을 거두지 못하네.
노래하고 또 노래하면 노래 속에 즐겁고
꿈속에서 꿈을 말하면 꿈속에서도 시름겨워라.
만국지도가 여기에서 하나도 빠짐없으니
한없이 아득한 대기에 비행선을 우러러 보네.
전쟁 그치게 해야 백성들 편안하건만
호걸 영웅은 부질없이 흰 머리만 늘어가네.

---

68) 이 시는 이승만이 지은 시가 아니라 백허(白虛) 이유형(李裕馨)이 지은 시를 옮겨 쓴 것으로, 이승만이 지은 아래 시의 원운(原韻)이다.

69) 雩南. 이승만의 호.

70) 春秋. 중국 춘추시대 노(魯)나라 은공(隱公)으로부터 애공(哀公)에 이르기까지 12공(公) 242년간의 기록을 담고 있는 유교 경전이다. 『춘추』는 본래 노나라의 사관(史官)이 기록한 궁정 연대기(宮廷年代記)였는데, 이 기록을 공자(孔子)가 독자적인 역사의식과 가치관을 가지고 필삭(筆削)함으로써 단순한 궁정 연대기 이상의 의미를 지니게 되었다. 군부(君父)를 시해하는 난신적자(亂臣賊子)가 배출되는 혼란기에 공자가 명분을 바로잡고 인륜을 밝혀 세태를 바로잡고자 『춘추』를 지었다고 맹자(孟子)가 설명하였다.

敬奉白虛長篇

雩南才藝足風流。認說西言勝周遊。
晨窓繙繹英美史、筆法無私稽春秋。
六洲日月家家籍、萬國風烟處處樓。
一樽法酒江山裏、醒醉無常功未收。
歌上添歌歌上樂、夢中說夢夢中愁。
輿圖自此無遺漏、一氣渺茫仰輕球。
兵戈弭禁民安堵、豪傑英雄空白頭。

백허의 장편시를 받들어 화운하다

선생[71]의 문장은 명사들 가운데 으뜸이신데
특별히 기이한 인연이 이곳에서 맺어졌습니다.
행장 꾸려 산수를 거닐며 구도하신 나날들
바람 서리 가을철에는 책을 읽으셨지요.
한 때 임금의 견책 받아 감옥에 갇히셨지만
며칠 밤을 임금님 말하며 어전 누각 꿈꾸셨지요.
대지엔 때때로 하늘의 해가 가리기도 하지만
결국엔 장풍이 안개와 구름을 거둬갑니다.
몇 번이나 나라 위한 책략을 올리셨건만
오랫동안 국록 먹는 조정에선 시름뿐입니다.
반평생 문장과 경세(經世)를 충분히 배우셨고
이제는 땅이 둥글다는 것도 깨달으셨습니다.
나라 걱정이 참으로 깊어 일찍이 무경(武經)을 읽으셨건만
외로이 북두성 바라보느라 몇 번이나 고개를 돌리시네요.

奉和白虛長篇

先生文雅冠名流。特地奇緣假此遊。
山水行裝求道日、風霜歲月讀書秋。

---

71) 이 시는 이승만이 이유형(李裕馨)의 시에 차운하여 지은 것이므로 '류(流)'자와 '유(遊)' 자부터 '두(頭)'자에 이르기까지 이유형의 시와 같은 운자를 썼으며, 이승만이 말한 '선생'은 이유형이다.

一時恩譴嗟王屋、幾夜天言夢御樓。

大地有時天日翳、長風畢竟霧雲收。

幾度獻謀邦國策、多年食祿廟堂愁。

半生透學文兼筭、今日覺眞地似球。

憂國誠深曾讀武、孤依北斗幾回頭。

원숭이

아침저녁 어찌나 서럽게 우는지.
형산[72] 구름 소상[73] 달 동정호[74] 밀물,
고향이 파산[75] 속에 있긴 하지만
조도[76] 삼천리 검각산[77]은 멀기만 하네.

---

72) 荊山. 중국 호북성(湖北省)에 있는 산으로, 옥(玉)이 나는 명산이다.

73) 瀟湘. 동정호(洞庭湖) 남쪽에 위치한 소수(瀟水)와 상수(湘水)를 가리킨다. 요(堯) 임금의 두 딸인 아황(娥皇)과 여영(女英)이 순(舜) 임금에게 시집가 아내가 되었는데, 순 임금이 남쪽 지방을 순행하다가 창오산(蒼梧山)에서 죽었다. 두 비(妃)가 남편이 별세한 곳으로 가려 하였으나 소상강(瀟湘江)이 가로막혀 건너가지 못하고 강가에서 통곡하다가 함께 죽었다는 전설이 있다.

74) 洞庭湖. 중국 호남성(湖南省) 북동부에 있는 호수이다. 상강(湘江), 자수(資水), 원강(沅江) 등이 흘러들어가는 중국 최대의 호수로, 호숫가에 있는 악양루(岳陽樓)나 그 부근에 있는 소상팔경(瀟湘八景)과 함께 명승으로 이름났다.

75) 巴山. 중국 호북성(湖北省) 파동현(巴東縣) 서쪽에 있는 산으로 그곳에 처량한 원숭이의 울음소리가 많다고 한다. 『사관(謝觀)』 청부(淸賦)에 "요대(瑤臺)에 서리 가득한데 현학(玄鶴)의 울음소리 하늘에서 들리고, 파협의 늦가을 오경 밤에 원숭이 구슬픈 소리 달빛 속에 부르짖는다."라는 구절이 있다.

76) 鳥道. 날아다니는 새만이 겨우 갈 수 있는 험준한 산길을 말한다. 『화양국지(華陽國志)』에 "조도(鳥道) 4백 리가 너무 험하여 짐승도 다닐 길이 없고, 다만 위에 날아다니는 새의 길만이 있다." 하였다.

77) 검각(劍閣) 조도는 사천성(四川省) 검각현(劍閣縣) 동북쪽 대검산(大劍山)과 소검산(小劍山) 사이에 있는데, 제갈량(諸葛亮, 181~234)이 설치한 것으로 전해지고 있다. 이는 천협(川陜) 사이의 주요한 통로로서 군사적 요새지이다. 『원화군현지(元和郡縣志) 검각도(劍閣道)』

猿

何事悲秋啼暮朝。荊雲湘月洞庭潮。
故園只在巴山裏、鳥道三千劍閣遙。

감회가 있어 백허와 시를 주고받다

1. 하늘이 이 세상에 살라고 잘못 보낸 것 아니었기에
여태껏 이 내 몸 한가로운 적이 없었다네.
모름지기 지금의 역사를 편집하게 한다면
동산에선 노나라를, 태산에선 천하를 작다 하리.[78] (백허)

感懷 與白虛唱和

天不枉生落世間。未曾聊得此身閒。
須令編輯當今史、小魯東山復泰山。(白虛)[79]

요즈음 살아가는 내 생애 만사가
백년인들 잠시도 한가함 얻기 어려워라.
천지의 모든 사물 용납하게 한다면
푸른 바다 향하고 산은 향하지 않으리라.

萬事吾生際此間。百年難得片時閒。
如令天地能容物、只向滄溟不向山。

---

78) 공자(孔子, BC 551~BC 479)가 동산에 올라서는 노(魯)나라가 적다 여기고, 태산에 올라서는 천하가 적다고 여겼다.

79) 백허(白虛) 이유형이 먼저 시를 지으면, 우남(雩南) 이승만(李承晩)이 그 운에 화운(和韻)하여 지었다. 6수가 모두 같은 순서이다. 운자는 평성(平聲) 산운(刪韻)의 간(間)·한(閒)·산(山)을 사용하였다.

2. 백 년 동안의 사람 일은 백 년 동안에 하면 되지만
   평소의 뜻만은 잠시라도 등한하면 안 되네.
   한번 푸른 바다 넘으면 박학할 수 있었건만
   그때엔 어찌해서 청산을 떠나지 못했던가? (백허)

百年人事百年間。素志須臾不等閒。
一渡滄溟能博學、當年何不謝靑山。(白虛)

이십 오년간 꿈 한번 꾸는 동안
삼춘 시절 꽃과 나비 구경으로 한가했었소.
남아가 비록 붕새 같이 날아오를 뜻을 지녔건만
큰 바다를 모르고 산만 알고 있었구려.

二十五年一夢間。三春花事蝶翅閒。
男兒縱有鵬飛志、不識滄溟只識山。

3. 그대가 뜻 세워 책을 읽은 건 좋았지만
   애석타, 꿈 깨워줄 사람이 없었구려.
   이미 큰 바다 멀지 않은 걸 알았으니
   예쁜 나비가 봄 산으로 잘못 인도하게 하지 마시오. (백허)

憐君有志讀書間。可惜無人覺夢閒。
旣識滄溟知不遠、莫敎倩蝶誤春山。(白虛)

십 년 동안 구름 낀 숲 몇 칸 집에서
세상일이 청한(淸閒)하다 잘못 알았을까 두려워라.
지금 만일 장풍 방석을 탈 수 있다면
바다 위 저 삼신산[80]도 지척에 있으리라.

十載雲林屋數間。恐將塵事誤淸閒。
而今若得長風席、海上三神咫尺山。

4. 비로소 온갖 걱정 저 세속에 내던질 줄 알았지만
비록 한가함을 구하려도 다시 한가로워지지 않네.
바다 위 저 삼신산은 이 세계가 아니거니
그대 날개 돋쳐 저 천산을 배울까 두려워라. (백허)

始知萬念擲塵間。縱欲求閒不復閒。
海上三神非世界、恐君羽化學天山。 (白虛)

만방이 나열된 책 한 권을 통하여
요지 같은 몇 곳에서 한가로운 세월 보낸다.
검붉은 대추[81]와 얼음 복숭아가 봄이라 흐드러져

---

80) 제(齊)나라 사람 서불(徐市) 등이 [진시황에게] 글을 올려 "바다에 봉래(蓬萊)·방장(方丈)·영주(瀛州)라는 세 개의 신령스런 산이 있는데, 그곳에 신선이 살고 있습니다. 목욕재계하고 어린 남자아이와 여자아이를 데리고 가서 신선을 찾게 해주십시오." 하였다. 그리하여 서불에게 남자아이와 여자아이 수천 명을 선발하게 하여, 바다로 가서 신선을 찾게 하였다. -사마천, 『사기(史記)』 권6 「진시황본기」

81) 火棗. 전설 속의 신선 과일인데, 먹으면 날개가 돋쳐 날 수 있다고 한다.

비로소 이 티끌세상에도 신선들 산이 있음을 알겠네.

萬邦羅列一書間。幾處瑤池日月閒。
火棗氷桃春爛熳、始知塵界有仙山。

5. 아지랑이 꽃 속 누각은 모두가 인간 세상이니
다만 유리 같은 세계보다는 덜 한가로워라.
신선 사는 곳도 별세계가 아님을 깨닫지 못하면
삼신산 신선도 삼신산을 부끄러워하리라. (백허)

烟花樓閣摠人間。只少琉璃世界閒。
羡覺仙居非別界、三山還是愧三山。(白虛)

선계와 인간세계가 같은 세상이라 믿더라도
범인(凡人)들은 신선의 친구 되어 한가롭기를 바라지요.
신선과 짝하면 범인과 함께함을 부끄러워하지만
초심에 푸른 산 저버렸음을 아쉬워하지 마소서.

也信仙凡共世間。塵凡願得伴仙閑。
伴仙愧與塵凡共、莫惜初心負碧山。

6. 황금 벽옥과 아름다운 비단 사이에서
선남선녀들 꿈속인 듯 한가롭네.
비바람 치는 변성의 소식 이른들

어찌 장주의 나비 꿈[82]을 청산에 흩으랴. (백허)

黃金碧玉綺羅間。仙女仙男夢寐閒。
風雨邊城消息至、其何莊蝶散靑山。(白虛)

태평한 가운데 사람이 태어나고 늙어가지만
백만의 군사들[83]은 달밤 젓대[84]소리에 한가롭지요.
창칼을 쓰지 않고 옥백[85]을 교환하니
온 세상 의복을 구름과 산처럼 함께 쓰지요.

人生人老太平間。百萬貔貅笛月閒。
不勞干戈交玉帛、六洲衣服共雲山。

---

82) 예전에 장주(莊周)가 꿈속에서 나비가 되었다. 훨훨 날아다니는 나비가 되어, 내가 나비라는 것도 깨닫지 못했다. 그러다가 문득 잠에서 깨고 보니, 나는 엄연히 나비였다. 도대체 장주가 꿈 속에서 나비가 된 것일까? 아니면 나비가 꿈 속에서 장주가 된 것일까? -『장자(莊子)』「제물론(齊物論)」

83) 貔貅. 표범의 일종으로 수컷을 비(貔), 암컷을 휴(貅)라 한다. 옛날에는 비휴를 길들여 전쟁에 썼으므로, 용맹한 군대를 '비휴'라고 했다.

84) 笛. 묵은 황죽(黃竹)이나 쌍골죽으로 만드는 젓대는 우리나라의 전통 목관 악기 가운데 하나로 삼금(三笒)인 대금, 중금, 소금 중 가장 큰 '대금'을 지칭한다.

85) 玉帛. 재물이나 화합을 의미한다. 고대 제후들이 회합할 때 옥백(玉帛)의 예물을 가지고 만난 데에서 기인한다.

회포를 적다

1. 마음 논하고 일을 논하려면 마음 비울 줄 알아야 하건만
   무수한 사람들이 저마다 자기 생각만 고집하네.
   배운 힘이 얕고 천하면 마음 비우기 어려운 법
   그대에게 묻노니, 큰 도량이란 어떤 것이겠나? (백허)

述懷

論心論事知心虛。無數人人獨自居。
學力淺卑難可得、問君鴻度更何如。(白虛)

백안[86]으로 사람 보면 우주가 텅 비게 되니
어디서건 더불어 살 사람이 없게 됩니다.
사람 사귐에 내 맘 알아주는 이 적다고 한탄하지 말지니
나를 알아주는 것이 내가 남을 알아주는 것만 못하답니다.

白眼看人宇宙虛。無人何處與人居。
交人莫恨知心少、知己知人更不如。

86) 白眼. 남을 업신여기거나 무시하는 태도로 흘겨본다는 의미로 사용한다. 진나라 때 죽림칠현(竹林七賢)의 한 사람이었던 완적(阮籍, 210~263)이 상을 당하였는데, 혜희(嵇喜)가 찾아와 문상하자 흰 눈으로 쳐다보았다. 흰자위가 드러나도록 흘겨본 것이다. 백안시(白眼視)라는 말이 여기에서 나왔다. 그러나 그의 아우인 혜강(嵇康)이 술과 거문고를 가지고 찾아오자 푸른 눈으로 맞아들였다. 백안시와는 반대로 청안시(青眼視)는 반갑게 맞는다는 뜻이다.

2. 참으로 큰 마음은 실상 비어 있는 것이니
   재부(財富)를 같이 누리더라도 같이 사는 것을 걱정하지 마소.
   나면서부터 오만한 것이야 본성이 아니니
   내 처지로 남을 이해함[87]이 어찌 오만함보다 못하겠소. (백허)

眞有假心實有虛。寧同富不患同居。
生來傲物非本意、推己及人奈不如。(白虛)

장부의 처세는 맘 비우는 것을 귀하게 여기니
사귀는 도리에 어찌 빈부를 논하겠소?
아홉 길 산 꼭대기에 한 삼태기가 모자란다면[88]
아깝게도 앞선 공은 없었던 것이나 같답니다.

丈夫處世貴心虛。交道何論貧富居。
九仞山頭虧一簣、前功可惜有無如。

3. 인간세상 다 살펴보니 아홉 길 산에 빈자리 있다면
   흙 한 삼태기 가지고 어느 곳에서 으뜸 공을 차지할까?

---

87) 推己及人. 나의 마음으로 남의 마음을 이해하는 것을 의미한다. 공자(孔子, BC 551~BC 479)가 "인(仁)은 충(忠)과 서(恕)를 실행하는 것이라" 하면서, 서(恕)를 설명할 때에 "추기급인(推己及人)"이라 했다.

88) 『서경(書經)』「여오(旅獒)」에 "작은 행동이라도 신중히 하지 않으면 끝내 큰 덕에 누를 끼칠 것이니, 이는 마치 아홉 길 높은 산을 만들다가 한 삼태기의 흙이 부족하기 때문에 그 공이 허물어지는 것과 같다[不矜細行, 終累大德, 爲山九仞, 功虧一簣.]."라고 하였다. 유종(有終)의 미(美)를 갖추라고 경계하는 말이다.

만나서 짝이 되어 산을 이루는 곳에서
힘 다하고 마음 다하면 저절로 그리 되리라. (백허)

看盡人間九仞虛。簣將何所首功居。
如逢結伴成山處、竭力惱心任自如。(白虛)

유(有)는 무(無)에서 나오고 실(實)은 허(虛)에서 나오지만
시작이 없는데 무슨 공(功)이 첫자리를 차지하리오.
아홉 길 높은 산도 반드시 한 삼태기 흙에서 시작되었으니
인간 만사 모든 것이 산을 쌓는 것 같다오.

有從無有實從虛。無始何功反首居。
九仞必須從一簣、人間萬事築山如。

4. 자신을 알면 세상에 헛됨(虛)이 없음을 알게 되니
신의가 서로 미더우면 처지가 달라져도 변하지 않네.
오직 시작하기 어렵다는 점 한 가지뿐이라면,
시작만 해놓으면 반드시 절로 그리 되리라. (백허)

從知知己世無虛。信義相孚不易居。
惟有一件難着了、遇之必得自然如。(白虛)

장한 뜻 나의 생애 늙어도 헛됨 없으리니
백 년 동안 그대와 함께 지내기를 바랍니다.

오호의 쪽배[89]와 남창의 범선[90]처럼
달관한 듯 행장 꾸려 가는대로 맡기렵니다.

壯志吾生老莫虛。百年願得共君居。
五湖舟楫南昌帆、達觀行裝任所如。

5. 사람이 큰 달이라면 달빛은 비워지니
자기를 비워 남을 대하는 삶을 누가 할 수 있으랴?
사사로운 혐의를 나랏일보다 앞세우면 안 되니
오늘에야 그 옛날 인상여[91]를 보는 듯하오. (백허)

人如浩月月光虛。虛己對人孰能居。
不用私嫌先國事、而今只見藺相如。(白虛)

---

89) 五湖舟楫. 춘추시대 월(越)나라 대부 범려(范蠡)가 월왕(越王)을 도와 오(吳)나라를 멸망시킨 다음, 부귀공명을 피해 숨었다. 고소대에 있던 미인 서시(西施)를 조각배에 태우고 자신의 이름까지 치이자피(鴟夷子皮)라고 고친 다음, 월나라를 떠나 한가롭게 살았다.

90) 南昌帆. 남창(南昌)은 등왕각(滕王閣)이 있는 곳이다. 당나라 고조(高祖, 566~635)의 아들 원영(元嬰)이 홍주자사(洪州刺史)가 되어 누각을 짓고 등왕각이라 한 다음, 문사들을 불러 시회를 하며 서를 쓰게 했다. 그때 왕발(王勃)이 가장 어린 나이로 범선을 타고 그 자리에 다다라 주위를 놀라게 한 서(序)를 썼다. 그 글이 유명한 「등왕각서(滕王閣序)」인데, 그 서두에 "남창고군(南昌故郡) 홍도신부(洪都新府)"라 하였다.

91) 藺相如. 전국시대 조(趙)나라 대부이다. 진(秦)나라와 접전해 공을 세우고 재상 염파(廉頗)의 위에 있게 되었다. 염파가 이를 못 마땅히 여겨 욕보이겠다 하니, 인상여는 조회에도 참석하지 않고 염파를 피했다. 부하들이 비겁한 일이라 여기니, 인상여는 "나는 나라의 급한 일을 우선으로 하고, 사사로운 원한은 뒷전으로 돌린다."고 하였다. 이 말을 들은 염파가 사죄하고, 두 사람은 목숨을 나누는 친구가 되었다.

층층구름 같은 지기(志氣)는 하늘에 오르려 하나
금세의 영웅호걸들은 도리어 아래에 처하였네.
옛사람이 오로지 아름다움 얻었다 말하지 마소
연꽃이 도리어 육랑보다 못하였다오.[92]

層雲志氣欲凌虛。今世雄豪反下居。
莫說古人專得美、蓮花還不六郞如。

---

92) 육랑(六郞)은 당나라 장창종(張昌宗)을 가리키는데, 형제간의 서열이 여섯 째여서 '육랑(六郞)'이라 하였다. 장창종이 용모가 뛰어나 임금의 총애를 받자, 양재사(楊再思)가 아첨하여 말했다. "사람들은 육랑의 얼굴이 연꽃 같다 하나, 연꽃이 육랑을 닮았지 육랑이 연꽃 같은 것이 아니다" 하였다.

『평산냉연』을 논하다가 연백함이 재녀 냉강설과 서로의 재주를 비교하는데 이르러, 냉강설이 짐짓 시녀인 척하며 연백함의 시를 화운하는 것을 보고 그 아름다운 재주에 감탄하였다. 이에 느낌이 있어서 백허와 더불어 두 재인을 대신하여 그 운을 밟아 창화한다.

1. 아미를 말끔히 씻으니[93] 더욱 사랑스러워
부질없이 맑은 향기만 밖으로 전하지 않네.
문장은 천고의 일들을 알아야 하는 것이니
마치 이백[94]이 지금 살아 있는 것만 같구나. (백허)

論平山冷燕、至燕白頷、與才女冷絳雪較才、時絳雪佯爲青衣[95]、對和燕生詩、 歎其才美、因有懷、與白虛代兩才人、依其韻唱和。

蛾眉淡掃更堪憐。漫送虛香風外傳。
要識文章千古事、如今復有李青蓮。(白虛)

93) 당나라 시인 장호(張祜)의 시 「집령대(集靈台) 2」에 "연지 분이 오히려 얼굴을 더럽힐까 봐, 아미를 싹 씻고서 지존을 대했다네.[却嫌脂粉汚顔色, 淡掃蛾眉朝至尊]"라고 하였다. 당나라 현종(玄宗)이 양귀비를 총애하여 양귀비의 세 자매를 모두 국부인(國夫人)으로 봉했는데, 그중에서도 괵국부인을 가장 총애하여서 무슨 청이든지 들어주었으므로 괵국부인이 매우 사치하고 교만하였다. 그는 얼굴 피부가 너무 고와, 언제나 분단장을 하지 않고 민낯으로 현종을 대하였다.

94) 청련(青蓮)은 청련거사(青蓮居士)이니, 당나라 시인 이백(李白)의 호이다.

95) 青衣. 푸른 옷이나 검정 옷을 입은 사람인데, 시녀, 궁녀 또는 시동(侍童)이나 비녀(婢女)를 가리킨다.

한 그루 이름난 꽃 홀로 절로 어여뻐
꽃향기에 흙탕물 전해질까 두렵구나.
아름다운 보석을 지금은 간직할 사람 없으니
주장할 사람은 바로 여청련[96]일세.

一樹名花獨自憐。芳香只怕溷泥傳。
采石如今無人管、主張人是女青蓮。

2. 한 섬의 구슬[97]이 글자마다 어여쁘고
금강에 안개 걷히자 달빛이 흐른다.
도화, 오얏, 버들은 봄바람 너머 있는데
봉래산 오색 연꽃을 보고 싶구나. (백허)

一斛明珠字字憐。金剛霧罷月光傳。
桃李楊柳春風外、願見蓬萊五色蓮。(白虛)

---

96) 青蓮. 냉강설이 자신을 여청련(女青蓮)에 비유한 시가 『평산냉연』 제16회에 실려 있다. "문장은 남자의 일이라고 말하지 말라. 지금은 이미 여청련에게 속한 일일세[慢道文章男子事, 而今已屬女青蓮.]."

97) 천하의 재주가 모두 한 섬인데 조자건(曹子建)이 혼자서 여덟 말을 가지고 내가 한 말을 가졌으며, 천하 모든 사람들이 나머지 한 말을 나누어 가졌다[天下才有一石, 曹子建獨占八斗, 我得一斗, 天下共分一斗.]." -『석상담(釋常談)』「팔두지재(八斗之才)」 남조(南朝) 송나라 시인 사영운(謝靈運, 385~433)이 천하의 재주를 한 섬으로 표현하였다. 명주구슬은 남의 시문(詩文)을 찬양하여 이른 말이다. 당나라 문장가 한유(韓愈, 768~824)가 노정(盧汀)에게 수답한 시에서 노정이 준 시 96자(字)를 가리켜 "나에게 밝은 구슬 96개를 주었다[遺我明珠九十六]."한 데서 왔다.

낭월[98]과 선풍[99]을 세상 사람들 어여삐 여기며
신선 소식을 등한히 전하는 것은 부끄럽게 여기네.
홍진 세상 어디를 가든 신령한 바다 아니기에
기꺼이 태을[100] 연잎에 진인을 태웠네.[101]

琅月璇風世所憐。羞將仙信等閒傳。
紅塵到處非靈海、肯泛眞人太乙蓮。

3. 한 송이 이름난 꽃이 참으로 아름다운데
선풍이 저잣거리의 사람에게 전해질까 두렵구나.
낭월은 요지 위에 밝게 비치건만
어찌 열 길 연꽃[102]에는 비추지 않는가? (백허)

一朶名花眞可憐。璇風惟恐市人傳。

---

98) 琅月. 주옥같은 달.

99) 璇風. 신선이 사는 선궁(仙宮)의 바람이다.

100) 太乙. 태일(太一)을 뜻하는 말로 도가(道家)에서 이르는 "도(道)", 즉 우주만물의 본원이다.

101) 송나라 화가 이공린(李公麟, ?~1106)이 「태을진인연엽도(太乙眞人蓮葉圖)」를 그리자, 한구(韓駒, ?~1135)가 「제태을진인연엽도(題太乙眞人蓮葉圖)」 시에 "태을진인이 연잎의 배를 타니, 두건 벗은 맨머리 내놓아 바람이 차네[太乙眞人蓮葉舟, 脫巾露髮寒颼颼.]."라고 하였다.

102) 十丈蓮. 태화봉 산꼭대기 옥정에 있는 연은 꽃 크기가 열 길이고, 뿌리는 배와 같네[太華峯頭玉井蓮. 開花十丈藕如船.]. -한유(韓愈) 『한창려집(韓昌黎集)』 권3 「고의(古意)」 진인(眞人)들이 각각 연꽃 위에 앉아 노는데, 그 연꽃의 지름이 열 길이나 된다고 한다. 이유형은 『평산냉연』 제16회에 보이는 연백함의 시에서 "십장련(十丈蓮)"이란 글자를 가져온 것이다.

分明琅月瑤池上、何不流光十丈蓮。(白虛)

재주는 알지 못하고 얼굴 고운 것만 알았으니[103)]
어찌 쉽게 나비의 마음을 전할 수 있었으랴?
들리는 노래 웅당 못 가운데서 나는 줄 알기에
함께 나란히 배 타고 구경하며 연밥을 따네.

不識才憐只色憐。那能容易蝶心傳。
聞歌應覺池中有、並着雙舟共採蓮。

4. 재주[104)]와 정이 있어도 재주 뛰어난 것만 알아
난초와 사향을 태워도 향기만 홀로 전해지네.
깊은 규방의 규수가 실제 학문 높은 건 말할 것 없으니
연지분 없어도 서예 솜씨는 묵지련[105)]일세. (백허)

---

103) 작가 천화장주인은 『평산냉연』 제13회에서 이상적인 여인을 이렇게 설명하였다. "재주가 없는 것이 가장 걱정스러운 일이다. 재주가 있다면 비록 누추한 외모라고 할지라도 반드시 풍류가 있어, 결코 바보같이 어리석은 모습으로 보이지 않을 것이다."

104) 『평산냉연』이 청나라 최초의 재자가인(才子佳人) 소설이어서, 소설의 주제 가운데 하나가 재(才)이다. 평여형(平如衡)과 연백함(燕白頷)은 재자(才子)이고, 산대(山黛)와 냉강설(冷絳雪)은 가인(佳人)인데, 이들 남녀가 시를 주고받으며 서로의 재주를 확인하여 정(情)으로 이어졌다.

105) 墨池蓮. 묵지(墨池)는 절강성(浙江省)에 있는 연못으로, 진(晉)나라 때 왕희지(王羲之, 307~365)가 영가현수(永嘉縣守)로 있으면서 항상 이 연못가에서 글씨를 쓰고 연못물에 붓을 씻었으므로 연못물이 까맣게 되었다고 한다. 재자가인을 묵지에 피어오른 연꽃으로 비유하였다.

才情只是認才憐。蘭麝香焚也獨傳。
休說深閨多實學、更無脂粉墨池蓮。(白虛)

적수끼리 서로 만나니 생각 더욱 아름다워
오언시 장수들[106]이 필봉을 전하네.
외로운 군사는 스스로 대수롭잖은 적이라지만[107]
일곱 자의 장군 칠척련을 힘들게 하네.

敵手相逢意更憐。五言城下筆鋒傳。
孤軍自是尋常敵、肯勞將軍七尺蓮。

5. 울긋불긋 온갖 꽃들[108]이 한 색으로 어여쁜데
봄바람이 흔들어대니 봄소식 전키 어려워라.
구름 없는 밝은 달빛 강남의 밤에
정정하게 서있는 부용이 바로 연꽃이라네.[109] (백허)

---

106) 五言城. 당나라 시인 유장경(劉長卿)이 오언시에 능하여 오언장성(五言長城)이라 자칭하였으며, 남당(南唐)의 유동(劉洞)은 오언금성(五言金城)이라 자칭하였다.

107) 유장경은 자기의 시를 오언시의 장성으로 여기는데, 진계(秦系)는 편사(偏師)를 가지고 그를 공격하여 노익장을 과시했다[長卿自以爲五言長城, 系用偏師攻之, 雖老益壯.]." -『신당서(新唐書)』 권196 「진계열전(秦系列傳)」
편사(偏師)는 1개 부대라는 뜻으로, 보통 차전(車戰)의 경우에는 25승(乘)을 말하고 보전(步戰)의 경우에는 사졸(士卒) 50인을 말한다. 편사(偏師)가 바로 외로운 군사인데, 맞수끼리는 오언시로 겨루는 모습을 표현하였다.

108) 萬紫千紅. 날씨 좋은 날 꽃을 찾아 사수 가를 나가니, 가없는 봄 풍경이 한때에 싱그러워라. 심상하게 동풍이 얼굴 스친 줄만 알았더니, 울긋불긋 수많은 꽃이 모두 봄이로구나[勝日尋芳泗水濱. 無邊光景一時新. 尋常識得東風面, 萬紫千紅總是春.]. -주희(朱熹)의 「춘일(春日)」

萬紫千紅一色憐。春風搖蕩信難傳。
無雲明月江南夜、亭立芙蓉卽是蓮。(白虛)

남포에 달 밝은[110] 가을이 아름다운데
부용이 무수히 멀리까지 향기 전하네.
노니는 사람들은 꽃 감상하는 눈만 있을 뿐
궁중의 태액련[111]은 알아보지 못하네.

南浦月明秋可憐。芙蓉無數遠香傳。
遊人但有賞花眼、錯認宮中太液蓮。

6. 봄바람 불자 검은 소매가 어여쁘니
인간 세상과 천상 세계에 서로 전하네.
예상곡[112] 그치자 상서로운 구름 일어나고

---

109) 마지막 구절의 마지막 글자는 모두 이청련(李靑蓮), 태을련(太乙蓮)같이 명사로 받았는데, 고시에서 즉시련(卽是蓮)이라는 용례는 보이지 않는다.

110) 南浦月明. 초나라의 굴원(屈原)이 지은 「구가(九歌) 동군(東君)」 시에 "그대와 손을 마주 잡음이여, 동쪽으로 가는도다. 아름다운 사람을 전송함이여, 남쪽의 물가에서 하는도다[子交手兮東行, 送美人兮南浦.]."라는 구절이 유명해지면서 남포는 이별하는 장소의 대명사로 쓰였다. '남포월명(南浦月明)'은 『세종실록지리지』에 실린 울산 팔영(蔚山八詠) 가운데 하나이다.

111) 太液蓮. 당나라 시인 백거이(白居易)의 「장한가(長恨歌)」에 "태액지의 연꽃과 미앙궁의 버들이로다[太液芙蓉未央柳]"라는 구절이 있는데, 태액지(太液池)는 한나라와 당나라의 궁중에 있던 연못 이름이다. 조선시대 숙종도 연꽃을 사랑하여 창덕궁 후원 연못에 애련정(愛蓮亭)을 세우고 연꽃을 감상하였으며, 연못가 바위에 '태액(太液)'이라고 새겼다. 결국 이 연못에 핀 연꽃도 '태액련(太液蓮)'이다.

112) 「霓裳曲」. 「예상우의곡(霓裳羽衣曲)」이라고도 하는데, 당나라의 현종(玄宗)이 월궁

선녀는 여전히 보탑[113] 연꽃에 기대어 있네. (백허)

借得春風墨袖憐。人間天上兩相傳。
霓裳曲罷祥雲起、仙子猶依寶塔蓮。(白虛)

문장과 기우[114]가 모두 서로 아름다워
소매 속의 봄바람을 규방 안에 전하네.
천고의 아름다운 인간을 알고 싶으면
지금 다시 육랑의 연꽃[115]을 보아야 하리.

文章器宇兩相憐。袖裏春風閨裏傳。
欲識人間千古美、至今復見陸郞蓮。

선녀와 놀다가 돌아와 지었다는 악곡의 이름이다. '예상(霓裳)'은 원래 신선의 옷을 의미하니, 신선은 구름으로 옷을 삼는다는 말에서 유래되었다.

113) 寶塔. 다보여래(多寶如來)를 안치한 탑인데, 화려한 형태의 다보탑을 가리킨다.

114) 器宇. 『장자(莊子)』 「경상초(庚桑楚)」에 "기우(器宇)가 태평하고 안정된 자는 하늘의 빛을 발한다[宇泰定者, 發乎天光.]."라고 하였다.

115) 육(陸)은 육(六)의 대자(大字)로, 육랑(六郞)이라고 불렸던 당나라의 미남 장창종(張昌宗)을 가리킨다. 그가 측천무후(則天武后, 624~705)에게 총애를 받자, 양재사(楊再思)가 "사람들은 육랑의 얼굴이 연꽃과 같다고 하지만, 내가 보기에는 연꽃이 육랑을 닮았지 육랑이 연꽃을 닮지는 않았다고 생각된다[人言六郞面似蓮花, 再思以爲蓮花似六郞, 非六郞似蓮花也.]."라고 아첨을 떨었다. -『구당서(舊唐書)』 권90 「양재사열전(楊再思列傳)」

벗이 부친 편지를 보고 2수

1. 어젯밤 창틈으로 문성[116]이 비추더니
   반가운[117] 글 싣고 기러기 왔네.
   고향 동산 찾아서 혼 떠나가자
   한바탕 비바람에 꿈이 깨었네.
   사람의 일이 구름같이 정처 없는 줄이야 알지만
   세월이 물같아 멈추지 않는 건 서운하구나.
   그대와 놀던 곳 그릴 때마다
   도동 연소정[118]이 마음에 자리잡네.

感友人寄書 二首

羈窓昨夜照文星。書雁帶來舊眼青。
古洞烟霞魂獨去、一場風雨夢初醒。
縱知人事雲無定、只惜年光水不停。

116) 文星. 문운(文運)을 주관한다는 문창성(文昌星) 혹은 문곡성(文曲星)으로, 문재(文才)가 뛰어난 인사를 비유하는 말로도 쓴다.

117) 眼青. 진나라 때 죽림칠현(竹林七賢)의 한 사람이었던 완적이 상을 당하였는데, 혜희(嵇喜)가 찾아와 문상하자 흰 눈으로 쳐다보았다. 흰자위가 드러나도록 흘겨본 것이다. 백안시(白眼視)라는 말이 여기에서 나왔다. 그러나 그의 아우인 혜강(嵇康)이 술과 거문고를 가지고 찾아오자 검은 눈으로 맞아들였다. 청안(青眼)은 백안시와 반대로, 반갑게 맞는다는 뜻이다.

118) 이승만은 10대 중반에 양녕대군의 봉사손 이근수(李根秀)가 세운 도동서당(桃洞書堂)에서 글을 배웠다. 이승만이 광복 이후 연소정에 찾아가 예전에 글 읽던 시절을 회상하며 편액을 썼다.

每憶共君遊戲處、係心桃渚鶩巢亭。

2. 한 장 한 장 그립고 글자마다 정겨워
   기쁨과 감회가 천만 갑절 일어나네.
   맑은 사귐이 연못물보다 깊어[119]
   산 위의 매화[120]라도 받은 듯이 눈에 선하구나.
   이슬 젖은 갈대[121] 가까이 그대 있는 줄 알지만
   구름과 나무[122]는 장성 너머 아득하구나.
   북풍 따라 남으로 오는 기러기 끊이지 않으니
   금옥 같은 편지에 먼 소식 자주 부치시게.

---

119) 『장자(莊子)』「산목(山木)」에 "군자의 사귐은 담담하기가 물과 같고, 소인의 사귐은 달기가 단 술과 같다[君子之交淡若水, 小人之交甘若醴.]."라고 하였다.

120) 원문의 농매(隴梅)는 산 위에 활짝 피어 있는 매화꽃인데, 당나라 송지문(宋之問)이 〈제대유령북역시(題大分嶺北驛詩)〉에서 "내일 아침 고향을 바라보는 곳에서, 활짝 핀 산 위 매화를 응당 보리라[明朝望鄕處, 應見隴頭梅.]."라고 하였다. 고향을 그리워할 때에 쓰는 표현이다.

121) 露蒹. 그리운 사람이 강 건너에 있어 찾아가려 하나 길이 막혀 가지 못한다는 뜻의 『시경』 구절을 끌어다 쓴 것이다.
갈대가 푸르고 푸른데, 이슬이 서리가 되었네.
그리운 내 님은, 강물 저 편에 계시네.
물길을 거슬러 찾아가려 하나 길이 막히고 멀기도 하네.
蒹葭蒼蒼, 白露爲霜.
所謂伊人, 在水一方.
遡洄從之, 道阻且長. -『시경』「겸가(蒹葭)」

122) 雲樹. 운수지사(雲樹之思)는 멀리 떨어진 친구를 생각하는 말이다.
위수 북쪽엔 봄 하늘의 나무요
장강 동쪽엔 해 저녁의 구름일세.
渭北春天樹, 江東日暮雲. -杜甫「春日憶李白」

幅幅相思字字情。千欣萬感轉層生。
深如潭水交心淡、贈似隴梅入眼明。
人在露蒹知尺地、想遙雲樹隔長城。
北風不盡南來雁、金玉須頻寄遠聲。

감회를 읊다

한평생 가슴 속에 불평 가득해
비 뿌리고 바람 치면 물결에 쉬 놀라네.
새장 속의 학은 구름 만 리를 그리워하고
숲 속의 새는 달밤 삼경에 외롭게 꿈꾸네.
책보따리를 벗 삼아 행장은 조촐하니
목숨 가볍게 여기는 줄을 칼이 알아주네.
세상에 황금은 가는 곳마다 있으니
가난타고 어찌 경영을 그르치랴.

詠褱[123)]

一生胸海不平鳴。雨打風翻浪易驚。
籠鶴遙懷雲萬里、林禽孤夢月三更。
筴書爲伴行裝淡、匣劍知心性命輕。
世事黃金隨處有、貧寒那得誤經營。

---

123) 원문의 회(褱)자는 회(懷)자의 고자(古字)이다.

나라에 경사가 있어 육범(六犯)[124]을 제외한 여러 죄수들에게 각기 일등을 감형하라는 은전에 내렸는데 감형에 든 이가 겨우 스물한 명이었다. 나머지 백여 명이 몰래 날짜를 정하고 일제히 호곡하며 진정하려 했으나 마침내 관리들에게 금지당하고 몇 명은 도리어 칼을 채우게 되어 시를 짓다

여러 사람이 임금님께 호소하자고
서로 전하며 천만번 굳게 맹세했건만,
임금님께 들릴 길 없어[125] 벌만 받았으니
남 믿는 일이란 게 다 그렇다오.

國慶後、有六犯外諸囚、各減一等之恩典、參減者、纔二十一人、其餘百餘人、密通約期、齊聲呼哭、竟爲官吏所禁止、數人反被枷鎖、因有作。

---

124) 봉천승운 황제(奉天承運皇帝)가 조령을 내렸다.
"[전략] 이미 올해 음력 10월 7일에 천지(天地), 종묘(宗廟), 사직(社稷)에 정중히 고하였고, 이번 음력 10월 10일에 문무 신하들을 거느리고 삼가 책보(冊寶)를 받들어 장헌세자의 시호(諡號)를 '신문환무장헌광효 대왕(神文桓武莊獻廣孝大王)'이라 하고, 묘호(廟號)를 '장종(莊宗)'이라 하며, 혜빈(惠嬪)을 '헌경왕후(獻敬王后)'로 추상(追上)하였다. [중략] 이미 추숭(追崇)하는 예식을 거행하기로 한 이상 은혜를 베풀어야 할 것이므로, 시행해야 할 사항들을 아래에 열거한다. [중략] 일곱째, 모반(謀叛), 강도(强盜), 살인, 통간(通姦), 편재(騙財 남의 재물을 속여서 빼앗음), 절도 등 육범(六犯)을 제외하고는 각각 1등씩 죄를 감해 주라." -『승정원일기』 고종 36년(1899) 10월 9일 기사.

125) 聽卑. 임금이 백성들의 말을 다 듣고 판단한다는 뜻이다.
하늘은 비록 높으나, 낮은 세상의 말을 다 듣는다[天高聽卑]. -『사기(史記)』 권38 「송미자세가(宋微子世家)」

齊呼情欲上聞天。盟約相傳戒萬千。
聽卑無緣先有害、依人要賴事皆然。

옥중 정황

한식 절기 아니건만 늘 불도 못 켜니[126]
긴 밤에 고금 서적을 읽을 길 없네.
고향 소식은 바람결에 들려오건만
등불 순찰할 때에는 추위 더 스며드네.
강산이야 꿈에다 부쳤다지만
비분강개한 마음은 천지에 담을 곳 없어,
날이 다하도록 문 닫고 세상 일 모르니
장안에 가장 깊은 곳이 바로 여기일세.

牢中情況

節非寒食火常禁。永夜無緣講古今。
鄕信每從風便到、巡燈時與冷威侵。
江山只屬尋常夢、天地難容慷慨心。
盡日掩門塵事隔、長安第一此樓深。

126) 용성(龍星)은 목(木)의 위치이고 봄은 동방에 속하며, 심성(心星)은 대화성(大火星)이라고도 하는데, 불이 성하는 것을 두려워하여 불을 금한다. 이 때문에 한식(寒食)에 용기(龍忌)라는 금기가 있어서 불을 금하는 것이지, 꼭 개자추(介子推)가 불타 죽은 것을 애도하기 위해 금하는 것은 아니다. -이수광, 『지봉유설』 권1 「시령부(時令部) 절서(節序)」

백허의 즉흥시에 화운하여 3수

1. 몸은 관직에 있어도 뜻은 운림[127]에 있어
   나가고 머무는[128] 마음이 벼슬 바다에 빠지지 않았네.
   충성스런 마음 사사로움 없어 하늘에 부끄럽지 않으니
   밝고 밝은 저 햇빛처럼 만방에 비추리라.

和白虛口呼韻 三首

身存玉帛志雲林。出處心非宦海沈。
忠膽無私天不愧、昭昭白日萬邦臨。

2. 난새와 봉황이 어찌해서 가시 숲에 모였는가[129]
   밝은 구슬이 안타깝게도 어둠 속에 빠졌구나.
   조용히 초목을 살펴보니 정채가 생겨나
   현인이 이곳에 임했음을 비로소 알겠네.

鸞鳳如何集棘林。明珠可惜暗中沈。

---

127) 雲林. 구름이 끼어 있는 숲인데, 처사(處士)가 은둔(隱遁)하고 있는 곳을 말한다.

128) 出處. 『논어(論語)』「술이(述而)」의 "쓰이게 되면 나의 도를 행하고 버림을 받으면 숨는다[用之則行, 舍之則藏.]."라는 말과 같은 뜻이다.

129) 왕환(王奐)이 구람을 주부(主簿)로 발탁한 뒤에, "가시나무 덤불은 봉황이 깃들일 곳이 못 되니, 이 작은 고을이 어찌 대현이 나아갈 길이랴[枳棘非鸞鳳所棲, 百里豈大賢之路.]." 하고는, 1개월 봉급을 털어 노잣돈으로 주면서 태학 입학을 권유한 이야기가 『후한서』 권76「순리열전(循吏列傳) 구람(仇覽)」에 나온다.

靜看草木生精彩、始信賢人此地臨。

3. 난새와 무리짓고 봉황과 짝하여 숲처럼 모였기에
온 땅 가득 바람 몰아쳐도 빠질까봐 겁내지 않네.
날개 펴서 비록 닭·오리 있는 곳 따른다 하나
한 번 날면 곧바로 구천 위로 날아갈 수 있다네.

鸞羣鳳伴會如林。滿地風流不畏沈。
逸翮雖從鷄鶩處、一飛直可九宵臨。

연인 임병길[130] 정위에게 화답하다

백년 인생에 우연히 만난 것도 하늘이 주신 인연이니
세상만사를 자연[131]에 맡기어 두지는 마세.
어둠 속에 말 없는 태상이 계시니
이 세상 오기 전에 삼생[132]이 이미 정해졌다네.

和然人 林正尉炳吉

百年遭遇盡天緣。莫把塵機付自然。
太上無言冥裏在、三生已定未來前。

---

130) 林炳吉. 호는 연인(然人). 군무아문(軍務衙門) 주사(主事)였다가 고종 31년(1894) 8월 29일에 친군장위영(親軍壯衛營) 좌2소대(左二小隊) 대관(隊官)으로 임명되었으며, 같은 해 12월 20일에 정위(正尉)로 승진하였다. 이듬해(1895) 5월 5일에는 군부 군무국 외국과장보(軍部軍務局外國課長補)에 임용되었다가, 5월 26일에 의원면직 되었다. 평리원 재판에서 "고의로 관청 건물과 백성의 집에 불을 놓은 법조문에 해당시켜 교형(絞刑)에 처할 것"을 판결하자 고종이 1900년 9월 19일에 윤허하였다. 순종 2년(1908) 2월 23일에 사면되었으며, 11월 22일에 육군 정위(陸軍正尉)로 소급해서 회복되었다.

131) 自然. 임병길(林炳吉)의 호 연인(然人)을 가져다 쓴 것이다.

132) 三生. 불가(佛家)의 용어로, 사람이 태어난 과거, 현재, 미래, 즉 전생(前生), 현생(現生), 후생(後生)을 가리킨다.

우연히 읊다

서리 같은 기운에 칼날 싸늘해
한번 죽기 어렵지 않지만 절개에 죽기 어렵네.
지금같은 세상 만나 편안하게 산다면
누가 그를 의롭고 담대한 장부라고 보랴.[133)]

偶唫

秋霜志氣劍俱寒。一死非難死節難。
如當此世安閒在、丈夫義膽有誰看。

133) 천하의 넓은 집에 거처하고 천하의 바른 자리에 서며 천하의 큰 도를 행하여, 뜻을 얻으면 백성과 함께 도를 행하고 뜻을 얻지 못하면 홀로 그 도를 행하여, 부귀가 마음을 방탕하게 하지 못하고 빈천이 절개를 옮겨 놓지 못하며 위무가 지조를 굽히게 할 수 없으니, 이런 사람을 대장부라고 이른다[居天下之廣居, 立天下之正位, 行天下之大道, 得志, 與民由之, 不得志, 獨行其道, 富貴不能淫, 貧賤不能移, 威武不能屈, 此之謂大丈夫.]. -『맹자』「등문공 하(滕文公下)」

밤에 앉아서 4수[134)]

1. 고요한 밤 추운 방에서 잠 못 이룰 때
시를 따라서 읊는 벗님네 보니 반가웁구려.
인생은 끝없는 바다에 둥둥 떠 있고
세상은 산에 들어가 갈림길 만난 것 같네.
관문이 눈에 덮여 꿈속에 돌아가기도 힘들고
흰 구름이 봉우리에 일어 걷기도 지겹네.
오경의 빗소리 속에 등마저 외로우니
이 자리 이 마음을 자네나 알아주겠지.

夜坐 四首

靜夜寒窓不寐時。唫哦有伴喜相隨。
人如縱海浮無際、世似入山去有歧。
積雪滿關歸夢苦、白雲出峀倦遊宜。
五更話雨孤燈邃、此地此情子獨知。

2. 외로운 나그네 추운 밤중에
어버이 그리워하며 한 해 보내네.
시가 이뤄지면 길게 읊으니
이 내 마음속을 자네만은 알겠지.[135)]

---

134) 칠언율시 1수와 오언절구 3수이다.

135) 원문에는 오언절구의 마지막 글자가 없는데, 다른 2수의 운에 맞춰 '지(知)'자를 채워

孤客天寒夜、思親歲暮時。
詩成長嘯發、心事有君知。

3. 가의[136]도 장사로 쫓겨나던 날 있고
소무[137]도 북해에 억류된 날 있었지.
참으로 충의가 굳세지 않았다면
궁곤한 그 신세를 그 누가 알랴.

賈傅長沙日、蘇郞北海時。
苟無忠義固、窮困有誰知。

4. 어진 하늘이 비와 이슬 골고루 내려주어
풀과 나무들이 똑같이 봄을 누리네.
오직 외로운 소나무만이 절개를 지키니
추워진 뒤에야 늦게 시듦을 알 수가 있네.[138]

번역하였다.

136) 賈誼(BC 200~BC 168). 가부(賈傅)는 전한(前漢) 장사왕(長沙王)의 태부(太傅)를 지낸 가의(賈誼)이다. 가의가 문제(文帝)의 부름을 받아 20세에 박사(博士)를 거쳐 중대부(中大夫)까지 되었다가 대신의 시기로 장사왕의 태부로 쫓겨난 뒤, 「조굴원부(弔屈原賦)」를 지어 굴원을 조상하는 동시에 자신을 그에 비유하였다. 스스로 상심하여 33세의 나이로 죽었다. 『사기(史記)』 권84 「가생열전(賈生列傳)」

137) 蘇武(BC 140~BC 80). 소랑(蘇郞)은 한나라 장수 소무(蘇武)인데, 자는 자경(子卿)이다. 중랑장으로 흉노(匈奴)에 사신으로 갔다가, 선우(單于)에게 잡혀 항복을 요구받았으나 거절하였다. 굴에 가두고 음식을 주지 않으니 깃발을 뜯어 눈에 섞어 먹었다. 북해의 사람 없는 곳으로 쫓아내 산양을 기르게 하였지만, 지조를 지켜 굴하지 않았다. 흉노에 감금된 지 19년 만에 소제(昭帝) 때 한나라가 흉노와 화친하고서야 풀려났다.

138) 『논어』 「자한편(子罕篇)」에 "날씨가 추워진 뒤에야 소나무와 잣나무가 늦게 시든다

仁天均雨露、草木共春時。

惟有孤松節、歲寒然後知。

는 것을 알 수가 있다[歲寒然後知松柏之後凋也]."는 공자(孔子, BC 551~BC 479)의 말이 실려 있다.

스스로 읊다

세상 탄식하며 책을 읽다가 옛사람을 사모하니
시대를 걱정하다보면 눈을 감고 싶어지네.
마음이 정계[139]를 찾으니 비고 빈[140] 부처이고
꿈속에 취향[141]을 찾으니 밤마다 신선일세.
원대한 경륜 생각할 땐 기러기 같고
높은 자취에 거처할 땐 가을 매미[142] 같아,
예부터 지사의 한은 끝이 없으니
충효를 아울러 지니기 원래 어렵다네.[143]

自詠

歎世看書慕古先。憂時還欲眼無穿。
心歸淨界空空佛、夢入醉鄉夜夜仙。
思遠經綸同渚雁、居高踪跡等秋蟬。

---

139) 淨界. 정토세계(淨土世界)로, 이는 부처나 보살이 머무는 이상세계를 뜻한다.

140) 空空. 공(空)도 또한 공(空)이니 모든 것은 공(空)이란 뜻이다. 십팔공(十八空)의 하나로, 공(空)에 대한 분별이나 집착이 끊어진 상태를 이른다.

141) 醉鄕. 술에 취했을 때 온갖 걱정을 잊는 별천지(別天地)의 경계. 당나라 은사(隱士) 왕적(王績, ?~644)이 술을 매우 좋아하는 천성이어서 일찍이 두강(杜康)과 의적(儀狄) 이래 술을 잘한 사람들을 모아서 보(譜)를 만들고, 또 『취향기(醉鄕記)』를 지었다.

142) 蟬. 매미가 이슬을 먹고 살기 때문에 청백한 인물이나 신선에 비유하였다.

143) 당나라 시인 한유(韓愈, 768~824)의 「송변주감군구문진(送汴州監軍俱文珍)」 시에 "누가 말하는가 신하와 자식의 도리, 충과 효를 둘 다 온전하기 어렵다고[誰言臣子道, 忠孝兩全難.]."라는 구절이 있다. -『한창려집(韓昌黎集) 보유(補遺)』

從來志士無窮恨、忠孝元難兩得全。

전차

쇠바퀴가 내리달려 더 빠를 자가 없으니
만 리 구름과 안개 속을 순식간에 뚫고 지나네.
기계는 번개 궤짝에 감춰져 있어 귀신이 부리는 듯하고
궤도가 무지개다리 만드니 손님은 신선 같구나.
눈 아래 산들은 온통 다투며 달리는 말 같고
귓가에 바람소리는 매미가 어지럽게 울듯 시끄럽네.
그 옛날 만들었던 목우[144]를 누가 묘하다 했나?[145]
제갈량이 돌아온다면 완전치 못하다 탄식하겠네.

電車

銕輪奔駛疾無先。 萬里雲烟頃刻穿。
機藏電櫃神爲使、 軌作虹橋客似仙。
眼下山皆爭走馬、 耳邊風送亂唫蟬。
木牛古事誰云妙、 諸葛還歎美不全。

---

144) 木牛. 제갈량(諸葛亮, 181~234)이 234년 봄에 대군을 이끌고 사곡(斜谷)을 나가 위수(渭水) 남쪽 오장원(五丈原)에다 진을 치고 위(魏)나라와 전투를 시도했으나, 사마의(司馬懿, 179~251)는 장기전(長期戰)으로 대응하였다. 그러자 제갈량이 목우(木牛)와 유마(流馬)를 만들어 군량을 운반하였다. -『삼국지(三國志)』「촉지(蜀志) 제갈량전(諸葛亮傳)」

145) 화담(서경덕)이 제갈공명의 목우유마(木牛流馬)에 대하여 말하기를, "공명(孔明)의 심장(心匠, 마음으로 생각함)은 얼마나 되는가. 그러나 이것이 신묘하지는 못하다." 하였다. -차천로, 『오산설림초고(五山說林草藁)』

저녁에 앉아서

처마 끝의 갈까마귀 울음 그치자 종이창 어두워져
얼어붙은 나무 차가운 연기가 성 밑 마을을 뒤덮네.
산 저물자 은하수가 희미하게 보이고
눈 개니 하늘에 티끌 하나 없구나.
매화 너를 타향에서 만나니
밝은 달이 지친 나그네 혼을 괴롭게 하네.
문에 기대어[146] 외롭게 기다리시는 어버이께서
어린 손자 하나 놓고 낯을 펴시겠지.

暮坐

簷鴉啼盡紙窓昏。凍樹寒烟負郭村。
山暮銀河微有影、雪晴玉宇淡無痕。
梅花與爾他鄉面、明月惱吾倦客魂。
遙識倚閭孤望處、開顏應藉一兒孫。

---

146) 倚閭. 의려지망(倚閭之望)은 집 나간 자식을 기다리는 부모의 심정을 가리킨다. 여기서 려(閭)는 마을 입구에 있는 문이다.
왕손가(王孫賈)가 15세에 민왕(閔王)을 섬겼는데, 왕이 달아나 있는 곳을 모르게 되었다. 그러자 그의 어머니가 그에게 말했다. "나는 네가 아침에 나갔다 늦게 돌아오면 문에 기대어 바라보고, 네가 저녁에 나갔다가 돌아오지 않으면 동구 밖에 기대어 기다린다. 그런데 너는 지금 임금을 섬기면서, 임금이 달아나버려 있는 곳을 모르게 되었는데, 네가 [찾지 않고] 어찌 돌아오느냐?" -『전국책(戰國策』「제책(齊策)」

시인을 반갑게 만나다

부평초같이 떠돌다[147] 금란지계[148] 맺으니
시 짓는 자리에서 처음 만나도 구면 같구려.
소무가 북해에서 이능을 만난 듯[149] 정겹고
왕휘지가 산음에서 대안도 찾아간 듯 흥겹네.
백년의 이합집산을 칼 하나에 맡겼으니
반세상 아양곡[150]은 그대가 연주하게나.
깜박이는 등불 아래 한 그림자 더해
자신을 잊고 가슴 털어놓으며 서로 반기네.

---

147) 萍水. 부평초(浮萍草)와 물이 서로 우연히 만나듯, 사람도 객지에서 우연히 서로 만난 것을 말한다. 왕발(王勃)의 「등왕각 서(滕王閣序)」에 "평수(萍水)처럼 서로 만나니, 모두가 타향의 나그네로다[萍水相逢, 盡是他鄕之客.]."라고 하였다.

148) 金蘭之契. 뜻을 함께하는 벗과의 우정을 금란지계라고 한다. 『주역』「계사전 상(繫辭傳上)」에 "두 사람이 마음을 함께하면 그 예리함이 쇠를 자를 만하고 마음을 함께한 말은 그 향기가 난초와 같다[二人同心, 其利斷金, 同心之言, 其臭如蘭.]."라고 하였다.

149) 逢陵. 소무(蘇武, BC 140~BC 80)가 항복을 권유하러 왔던 친구 이릉(李陵, ?~BC 74)을 만나는 모습을 말한 것이다. 한나라 장군 이릉은 흉노와의 전쟁에서 항복하여 흉노 땅에서 대우받으며 20여년을 살다 죽었다. 소무는 흉노에게 잡혔으나 의지를 굽히지 않아 북해(北海)에 양치기로 보내졌지만, 굶으면서도 끝내 절개를 지켜 18년 만에 돌아왔다.

150) 「峨洋曲」. 높은 산[峨]와 넓은 바다[洋]를 합하여, 「아양곡(峨洋曲)」이라 한다. 백아(伯牙, ?~?)가 거문고를 타는데, 높은 산에 뜻이 있으면 [그의 친구] 종자기(鍾子期, BC 387~BC 299)가 듣고서, "태산같이 높구나"라고 말하였다. 또 흐르는 물에 뜻이 있으면 종자기가 듣고서, "강물처럼 넓구나"라고 하였다. 백아가 생각한 것을 종자기가 반드시 알아맞혔다. 종자기가 죽자, 백아가 "지음(知音)이 없다"면서 거문고 줄을 끊어버렸다. -『열자』「탕문편(湯問篇)」

喜逢詩人

結隣萍水契蘭金。詩席新緣似舊心。
情若逢陵時北海、興如訪戴夜山陰。
百年離合吾藏劍、半世峨洋子解琴。
旅塌踈燈添一影、忘形傾膽好相尋。

촛불도 없이 2수

1. 이루[151]도 옥석조차 분간 못하고
   곱고 추함도 분별 못하니 의심을 어찌 풀랴?
   세상 모두 캄캄한 방에 등불도 없어
   긴 밤 수천 집들이 서울 거리에 이어졌네.

無燭 二首

離婁猶難分玉石。娟媸不辨疑何釋。
世皆漆室亦無燈、長夜千家連紫陌。

2. 곤히 잠들면[152] 마을 모든 것들이 돌처럼 앉아 있고
   색상[153]이 모두 텅 비어 늙은 중과도 같네.
   밤에 책 읽을 길도 없고 잠조차 오지 않아
   반딧불 모으던[154] 옛 고향 길 회상하네.

---

151) 離婁. 중국 고대 전설 속의 인물로, 시력이 유난히 밝았던 사람이다.
이루(離婁)같이 눈이 밝고 공수자(公輸子)처럼 솜씨가 뛰어나도, 그림쇠와 기역자를 쓰지 않으면 네모나 동그라미를 제대로 그릴 수가 없다. -『맹자』「이루(離婁)상」

152) 黑甛. 캄캄하고도 달게 잔다는 뜻이다.

153) 色相. 겉으로 드러난 만물의 모습을 말하는 불교 용어로 본래 실체가 없는 공(空)이라고 한다.

154) 윤(胤)의 자는 무자(武子)인데, 어려서부터 공손하고 부지런하여 많은 책을 읽었다. 그러나 집이 가난하여 늘 기름을 얻을 수 없었으므로, 여름철에는 비단 주머니에다 반딧불 수십 마리를 채웠다. 그것으로 책을 비춰서 글을 읽어, 밤에도 낮[에 하던 독서]를 계속하였다. -『진서(晉書)』「차윤전(車胤傳)」

黑甛鄕裏坐如石。 色相都空同老釋。

夜讀無由更不眠、 拾螢回憶舊鄕陌。

손강(孫康)은 젊어서 청렴하고 깨끗해, 친구들과 사귐이 잡스럽지 않았다. 집이 가난해 기름이 없었으므로, 눈에 비춰서 책을 읽었다. 후에 벼슬이 어사대부(御史大夫)에 이르렀다. -『진서』「손강전(孫康傳)」이 두 사람이 가난한 생활 속에서도 열심히 공부하여 성공한 것을 형설지공(螢雪之功)이라고 했는데, 우남(雩南)은 감옥에서 등불을 얻기 힘들었으므로 반딧불 모을 꿈을 꾼 것이다.

백허의 시에 화운하다

1. 일찍이 형산의 박옥[155]이 연석[156]이 아님을 알았기에
   의리상 왕에게 바쳤으나 스스로 놓기 어려웠네.
   두 발 잘린 것이 어찌 높은 값 받으려 했기 때문이랴.
   아깝게도 초산 길 진흙 속에 묻혀버렸네.[157]

和白虛 二首

早知荊璞非燕石。義可獻王難自釋。
刖足豈緣得價高、惜埋泥土楚山陌。

2. 놀란 파도 우레 같고 바람은 돌을 날릴 듯 한데

---

155) 荊璞. 형산(荊山)에서 초나라 사람 변화(卞和)가 박옥(璞玉, 옥덩이)를 주워 여왕(厲王)에게 바쳤다. 여왕은 옥인(玉人)을 시켜 감정케 했는데, 옥인은 그것이 돌이라고 말했다. 여왕은 화씨가 자기를 속였다고 생각하여 그 왼쪽 발을 자르게 했다. [줄임] 무왕이 죽고 문왕(文王)이 즉위하자 화는 그 옥덩이를 끌어안고 초산 아래에서 사흘 밤낮을 통곡하였다. 눈물이 다 마르자 핏물을 흘리며 울었다. 왕이 그 소식을 듣고는 사람을 시켜서 그 까닭을 묻게 했다. 화가 대답했다. "저는 발 잘린 것을 슬퍼하는 게 아니라 보옥에다 돌이라고 이름 붙여 준 것을 슬퍼합니다. 곧은 선비를 거짓말쟁이라고 하니, 이것이 바로 제가 슬퍼하는 까닭입니다." 문왕이 옥인을 시켜서 그 옥덩이를 다듬게 하여 보물을 얻었다.

156) 燕石. 연산(燕山)에서 나오는 돌인데, 옥(玉)과 비슷하면서도 사실은 옥이 아니기 때문에 사이비(似而非)라는 뜻으로 쓰인다.

157) 『체역집(替役集)』 원본에는 '매(買)'자를 썼다가, 그 옆에 '매(埋)'자를 덧붙여 썼다. 이런 경우에는 대개 '매(埋)'자로 고쳤다는 뜻인데, '매(買)'자로 번역하면 "[옥이 나는] 초나라 산길 진흙밭을 산 것이 안타깝다."는 뜻이 되어서 어색해진다.

인자한 항해사[158]는 위급해져도 배를 놓지 않네.
험난한 곳 넘어서면 길이 평탄해지기 시작할테니
다 함께 극락세상 연화대[159] 길로 돌아가리라.

驚濤如雪[160]風揚石。慈航急難帆不釋。
纔度險危路始平、共歸極樂蓮臺陌。

158) 慈航. 불교에서 보살이 자비로운 마음으로 사람을 구제하는 것이 배로 사람을 건네는 것과 같다고 하여 자항(慈航), 즉 인자한 항해라고 한다.

159) 蓮臺. 연꽃으로 만든 대(臺) 위에 부처가 앉아 있으므로, 부처에게 귀의한다는 뜻이다.

160) 원문의 '설(雪)'은 '뇌(雷)'의 오기인 듯하다.

부질없이 읊다

1.

감옥 속에선 보고 듣는 게 모두 장님과 귀머거리 같아

인간 세상과 오래 떨어져 꿈도 아득하구나.

고요한 가운데 세월은 금부처 같고

세상 벗어난 풍류는 적송자일세.161)

긴 밤에는 책상의 촛불이 몹시 그립건만

외진 곳이라 시가 종소리도 들리지 않네.

창문으로는 고향 바라보는 눈만 나갈 수 있어

돌아가는 구름이 실어다 옛날 놀던 봉우리에 떨어뜨리네.

漫詠

牢裏見聞盡瞽聾。久違人世夢重重。

靜中歲月同金佛、物外風流是赤松。

夜永偏憐書案燭、地深不到市街鐘。

一窓只許望鄕眼、載送歸雲落舊峰。

---

161) 적송자(赤松子)는 진(晉)나라 때에 도를 터득하여 신선이 되었다는 황초평(黃初平)이다. 황초평이 15세에 양을 치러 나갔다가 도사에 이끌려 금화산(金華山)에 들어 40여년을 수도하며 집을 찾지 않았다. 형 초기(初起)가 찾아나갔다가 도사를 만나 "양을 어찌했느냐?" 하니, 바위를 가리키며 "양이 되라" 하여 수천 마리의 양이 되었다. 초기(初起)도 함께 신선이 되어 송진이나 복령(伏苓)을 먹으며 5백세를 살았다고 한다.

2.

세밑에 밤 길어지며 시름도 길어져
새벽 서리에 추워지자 잠도 오지 않네.
어진 하늘이 무서운 서리 내리지 않았더라면
그 누가 궂은 풀들을 없애줄 텐가.
눈길 조심하자면서 청안에 백안까지
바른말 좋아한다며 옳고 그름 다투기 좋아하네.
즐거움과 노여움 잊고 인(忍)자를 백번 생각하면[162]
인간 세상 가는 곳마다 태화당일세.

歲殘心緖夜俱長。冷枕不眠惻曉霜。
若使仁天無肅殺、誰敎惡草有衰傷。
厭偏眼戒加靑白、好正舌銳辨紫黃。
喜怒都忘思百忍、人間到處太和堂。

162) 당나라 수장(壽張) 사람 장공예(張公藝)가 9세(世)의 친족을 한집안에서 거느리며 생활하였다. 고종(高宗)이 직접 그 집을 방문하여 그 비결을 묻자, 그가 지필(紙筆)을 청한 뒤 단지 '참을 인(忍)'자만 백여 차례 썼다. 고종이 눈물을 흘리며 비단을 하사하였다는 이야기가 『구당서(舊唐書)』 권188 「효우전(孝友傳) 장공예(張公藝)」에 실려 있다. 후세인들이 그를 장백인(張百忍), 그가 살던 집을 백인당(百忍堂)이라 불렀으며, "백인당중유태화(百忍堂中有太和)"라는 구절을 써서 벽에 거는 집들이 많아졌다.

임금님의 조서를 받들고

조서를 받들고 은혜에 감격하여 궁궐을 회상해보니
탄신일에 즐거워하며 「여민락(與民樂)」163)을 연주하였지.
백관들의 축하연은 금문 북쪽에서 베풀어졌고
만국 국빈들의 연회는 옥계 동쪽에서 베풀어졌네.
은택은 널리 미쳐 빈한한 이에게도 좋은 날 되고
덕화도 천한 자들에게 고루 퍼져 어진 바람 미치네.
추운 감옥에 있는 많은 사람들 구휼하고
백성들 자식같이 보살펴서 고아와 과부 홀아비164) 걱정하소서.

---

163) 국초(國初)에 정인지(鄭麟趾) 등에게 명하여 『용비어천가(龍飛御天歌)』를 짓고 그 가운데에서 위 일곱 장(章)과 아래 세 장을 취하여 『여민락(與民樂)』을 만들었는데, 이것은 황풍악의 강절(腔節)을 인습하여 가사에 맞춘 것으로, 가사는 곧 사언시(四言詩)이며, 예전 뜻과 부합된다. -이익 『성호사설』 제13권 「인사문(人事門) 국조악장(國朝樂章)」
지금 왕께서 여기서 사냥하시면 백성들이 왕의 거마 소리를 듣고 깃발의 아름다움을 보고 모두 흔연히 기쁜 기색이 있어 서로 말하기를 "우리 왕이 행여 병환이 없으신가. 어떻게 사냥을 하시는고."라고 할 것입니다. 이는 다름이 아니라 백성과 더불어 즐거움을 같이한 때문입니다[今王田獵於此, 百姓聞王車馬之音, 見羽旄之美, 擧欣欣然有喜色而相告曰, 吾王庶幾無疾病與, 何以能田獵也, 此無他, 與民同樂也.]. -『맹자(孟子)』 「양혜왕 하(梁惠王 下)」
맹자가 말한 여민동락(與民同樂)의 뜻을 살려 만든 악장 「여민락(與民樂)」을 조선왕조 오백년 동안 국가 연회에 연주하였다.

164) 늙었는데 아내가 없는 것을 환(鰥)이라 하고, 늙었는데 남편이 없는 것을 과(寡)라 하며, 늙었는데 아들이 없는 것을 독(獨)이라 하고, 어린데 아버지가 없는 것을 고(孤)라 합니다. 이 네 부류는 천하의 궁민(窮民)으로 하소연할 데가 없는 자들이어서, 문왕(文王)이 정치하여 사랑을 베풀 때에 반드시 이 네 부류를 우선으로 하였습니다. -『맹자』 「양혜왕 하(梁惠王 下)」

奉恩詔

奉詔感恩憶帝宮。慶辰樂樂與民同。
百僚賀宴金門北、萬國賓筵玉陛東。
澤普葷蓬來瑞日、化均稂莠及仁風。
祈寒囹圄多蒙恤、子保宸憂在四窮。

느낌을 적다

형가는 연나라 남쪽 조나라 북쪽에 장하게 노닐었는데[165)]

나는 거문고와 책 잡고 이 시기를 저버렸구나.

하늘의 기러기에게 고향 소식은 전해 듣지만

당상 부모님의 백발을 늦춰 주지 않는구나.[166)]

화사[167)]에서 이미 꿀벌 치는 것을 보았는데

집이 구름 낀 산에 있어 새들이 나뭇가지에서 자네.

나라 걱정하면서 관직 얻으려는 것은 좋은 계책 아니니

일생의 명예와 이익은 지리멸렬한 꿈일세.

述懷

燕南趙北壯遊遲。漫把琴書負此時。

天際鴻毛雖遇便、堂中鶴髮不饒期。

---

165) 전국시대에 진나라에게 핍박받던 연(燕)나라와 조(趙)나라 지사(志士)들이 세상 돌아가는 꼴을 근심하여, 슬프게 탄식하는 노래들을 많이 불렀다. 자객(刺客) 형가(荊軻)도 연나라 서울 시장바닥에서 축(筑)의 명인 고점리, 개백정 등과 고성방가하며 방약무인하게 노닐다가 태자 단(丹)의 요청으로『역수가(易水歌)』를 부르면서 진왕(秦王)을 암살하러 진나라로 떠났다. 물론 첫째 구절의 인물이 형가(荊軻)가 아닌 다른 지사(志士)일 수도 있다.

166) 세간에 공정한 것이 있다면 오직 백발뿐, 귀인의 머리라고 해서 봐준 적이 없네[公道世間惟白髮, 貴人頭上不曾饒]. - 두목(杜牧)『번천시집(樊川詩集)』권4「송은자(送隱者)」

'요(饒)'자에는 '배부르다', '넉넉하다' 외에 '용서하다', '너그럽다'라는 뜻도 있다.

167) 花社. 우화사(雨花社)의 준말로 절의 이칭이다. 석가(釋迦)가 설법을 하니 하늘에서 천신(天神)이 꽃비를 내렸다는 고사에서 온 말이다.

業看花社養蜂蜜、家在雲山宿鳥枝。

憂國謀官非得計、一生名利夢支離。

석방이 되던 날에 백허에게 증별시를 주다

심중에 못한 말이 수만 겹이나 되지만
사귐은 물같이 담담했고 생각은 꽃처럼 진했습니다.
반년동안 짝이 되어 옥중에서 잠을 잤으니
다음에는 바다 밖에서 만나기를 기약합시다.
인연은 명주실같아 끊어지면 이을 길 없고
사향 있어도 공이 없으니 쌓였어도 찧을 길 없네.
다만 임금께 은혜 입을 기회를 만났으니
보답하리라는 깊은 맹세 가슴에 새기소서.

蒙放日贈別白虛

不語心中語萬重。交如水淡意花濃。
半年結伴牢中枕、明月留期海外峰。
緣有蚕絲分莫續、恨無麝杵積難舂。
惟君際遇承恩大、圖報深盟刻在胸。

괘종시계

하루에 열두 번 스스로 울기를 거듭하니
봄 창가에서 곤하게 든 잠을 때맞춰 깨우네.
시계[168]는 건곤의 이치에 따라 돌아가는데
한밤과 한낮에는 두견새가 우네.
물시계가 시간을 재는 대신 사람들이 시계침을 세고
닭이 새벽을 알리는 일과 짝하여 아낙네 절구질하라 재촉하네.
공교로운 쇠바늘[169]로 미혹된 세상을 깨우나니
큰 것은 서재에 두고 작은 것은 가슴에 차네.

時鍾

一日自鳴十二重。春窓時攪倦眠濃。
璇機轉動乾坤道、杜宇啼來子午峯。
代漏點更人數針、伴鷄報曉婦催舂。
巧將金葉醒迷世、大可文房少可胸。

---

168) 원문의 선기(璇機)는 순(舜) 임금 때에 천문 관측용으로 만들었다는 선기옥형(璿璣玉衡)을 말한다.

169) 金葉. 얇은 쇠로 잎처럼 만들어 피리에 꽂는 장치, 즉 혀이다. 여기에서는 시침(時針)과 분침(分針)이다.

금석 유진구[170)]와 헤어지며 지어 주다

일하다 죽을지언정 한가롭게 살고 싶지는 않아
형가의 칼과 고점리의 축[171)]만큼 이름 알리리라.
섭정은 보라매같이 한나라 궁전을 위태롭게 했고[172)]
태자 단이 진나라 있을 때에 까마귀 머리가 두 번이나 희어졌네.[173)]

---

170) 兪鎭九. 고종 39년(1902) 5월 25일에 이천군임시우체사 주사(利川郡臨時郵遞司主事)에 임명되었다. 1898년 3월 11일에 법부대신 이유인이 그가 김홍륙을 칼로 찌른 사건을 아뢰었다. 같은 해 4월 9일에 이유인이 특별법원장의 자격으로 "유진구를 태(笞) 100대를 치고 종신 징역에 처할 것"을 아뢰어 고종이 윤허하였다. 같은 해 12월 9일에 '육범을 제외한 죄수들의 사면령'에 따라 고종이 "유진구(兪鎭九)를 특별히 징역을 면제시키고 방송(放送)하라."는 제칙을 내렸다.

171) 형도점축(荊刀漸筑)은 전국시대 연(燕)나라 자객 형가(荊軻)의 칼과 고점리(高漸離)의 축(筑)을 가리킨다. 형가와 고점리가 매우 친하여, 고점리가 거리에서 축비파를 타면 형가는 비분강개하여 노래를 불렀다. 형가가 칼을 가지고 가서 진시황을 살해하려다 실패하자, 고점리가 축비파 속에다 납을 저장하여 진시황을 치려 하다가 그 역시 실패하여 처형당했다.

172) 엄중자(嚴仲子)가 한(韓)나라 애후(哀侯)를 섬겼는데, 승상 협루(俠累)와 사이가 좋지 않아 섭정(聶政)을 찾아가 복수를 청하자, 어머니가 세상을 떠난 뒤에 섭정이 한나라에 가서 관청 당상에 뛰어올라가 협루를 찔러 죽였다. 『사기(史記)』 권68 「자객열전(刺客列傳) 섭정(聶政)」에는 창응(蒼鷹)이라는 표현이 없는데, 후세 시인들이 엄중자가 협루를 칼로 찔러 죽이는 모습을 보라매에 비유한 것이다.

173) 연(燕)나라 태자 단(丹)이 진(秦)나라에 볼모로 가 있을 때, 진왕(秦王)이 그에게 예우(禮遇)를 하지 않으므로 그가 진왕에게 본국(本國)으로 돌아가게 해달라고 요청했으나 진왕이 들어주지 않고 속여 말하기를, "까마귀의 머리가 희어지고 말의 머리에 뿔이 나야만 보내 주겠다[烏頭白, 馬生角, 乃可許耳]."고 하였는데, 단이 하늘을 쳐다보며 탄식하자, 까마귀의 머리가 즉시 희어지고 말의 머리에 뿔이 나므로, 진왕이 마지못해 그를 보내 주었다는 전설이 있다. 그러나 『형가열전』을 기록한 사마천은 논찬(論贊) 부분에서 "하늘에서 곡식이 내리고 말머리에 뿔이 돋아났다는 말은 지나치게 과장된 것이다"라고 부정하였다.

의롭게 죽을 자리 만나면 제 한 몸 초개같이 여기고
위태로운 곳에 들어가면 용맹이 산이라도 옮기건만[174],
세상 인정 다 살펴봐도 날 알아주는 이 적으니
서울이 즐겁다 한들 빨리 돌아가는 게 나으리라.

贈別兪錦石鎭九

願從事死不生閒。名滿荊刀漸筑間。
一氣鷹蒼幾韓殿、二年烏白再秦關。
只逢義地身如芥、每入危方勇挾山。
閱盡世情知己少、錦城何似早時還。

174) 맹자가 제나라 선왕(宣王)에게 왕도(王道) 정치를 권유하면서, "왕께서 왕도정치를 하지 못하는 것은 태산을 겨드랑이에 끼고 북해를 뛰어넘는 것과 같이 어려운 일이 아니라, 어른의 명에 따라 초목의 가지를 꺾는 것처럼 쉬운 일이다[王之不王, 非挾太山以超北海之類也, 王之不王, 是折枝之類也.]." 라고 하였다. -『맹자(孟子)』「양혜왕(梁惠王) 상」

벼룩

지극히 작은 놈이 무리 가운데 가장 용감해
삿자리 빈대나 옷 속의 이들과 같이 이웃 삼았네.
사람에게 해 끼치다가 밝으면 숨고
자기 몸 살 찌우려 어두워지면 다시 가까워지네.
해본 것이라곤 모두 욕심인데다 의심도 많아
재주라곤 달아나는 것 뿐, 겁에 질리면 자주 튀네.
뾰족한 부리로 이따금 나그네 단꿈을 깨워
장자의 나비같이 일장춘몽 흩어지네.[175]

螬[176]

至微至勇冠羣倫. 蝎簟虱衣共作隣.
身爲害人明便隱、謀因肥己暗還親.
經綸皆慾懷疑大、伎倆惟逃見愓頻.
尖嘴時驚閒客夢、莊園蝶散一場春.

---

175) 예전에 장주(莊周)가 꿈속에서 나비가 되었다. 훨훨 날아다니는 나비가 되어, 내가 나비라는 것도 깨닫지 못했다. 그러다가 문득 잠에서 깨고 보니, 나는 엄연히 나비였다. 도대체 장주가 꿈속에서 나비가 된 것일까? 아니면 나비가 꿈속에서 장주가 된 것일까? -『장자(莊子)』「제물론(齊物論)」

176) 원문의 '굼벵이 조(螬)'자는 정서 과정에서 '벼룩 조(蚤)'자를 오기한 듯하다. 이 시의 내용은 벼룩을 읊은 것으로 '굼벵이 조(螬)'자는 평성(平聲) 호운(豪韻)이고, '벼룩 조(蚤)'자는 측성(仄聲, 上聲) 호운(皓韻)이어서 발음도 다르며, 통용되지 않는다.

곶감

형체는 마른데다 몸은 묶여 뜻 펼치기 어려워도
새해 술자리에 예전 맛을 바치네.
분 발린 거죽은 참모습 아니건만
붉은 속은 본바탕 그대로 지녔구나.
씨는 봄 밭에 던져져 수많은 꽃들이 비오듯 하고
꿈 끊어진 가을 동산엔 많은 나무들 연기에 얽혔네.
건포도보다 단단하고 대추보다도 달아
아이들끼리 바꿔 먹으며 좋아한다네.

乾柿

形枯身縛意難宣。舊味新供歲酒筵。
粉面非眞成幻界、赤心是本保良天。
子遺春圃千花雨、夢斷秋園萬樹烟。
堅勝乾葡甘勝棗、兒童換得喜相傳。

거미

허공에 그물 쳐놓고 어두운 데 숨어서
날벌레를 앉아서 잡으니 계책이 무궁하구나.
버들 늘어진 집 낮에 숨으면 안개 빛 자욱하고
박 울타리 저녁에 내려오면 비 소리도 들리지 않네.
세상엔 그물 걸린 기러기 많아 제 주머니 채우는데
문에는 참새 그물이 쳐져[177] 손님 수레 끊어졌네.
밤에는 날아다니는 반딧불이 잡아 처마 모퉁이에 걸어놓고
가을 선비 옛날 책 읽는데 이바지하려 하네.

蜘蛛

虛中設網暗中居。坐獵飛虫計有餘。
柳戶晝藏烟色密、匏籬暮下雨聲疎。
世多鴻罹充吾橐、門結雀羅斷客車。
夜縛流螢簷角掛、爲供秋士讀殘書。

---

177) 門結雀羅. 세력이 있으면 빌붙고 권세가 없어지면 푸대접하는 염량세태(炎凉世態)를 가리키는 말이다. 한나라 책공(翟公)이 정위(廷尉)로 있을 때에는 찾아오는 사람들이 문전성시를 이루다가 관직을 그만두자 '대문 앞에 새 잡는 그물을 칠 정도가 되었다[門外可設雀羅]'. -『사기(史記)』 권120 「급정열전(汲鄭列傳)」

모기

살졌는지 말랐는지 어둠 속에서 탐색하다가
하늘이 보는 게 무서워 밝으면 숨네.
나그네 잠자는 밤 침상에서 한창이더니
가을바람 불어오자 늙은 스님의 암자 신세일세.
주렴 밖에 달이 지면 천백 마리 앵앵대다가
부채[178] 휘두르면 약한 바람에도 두세 마리는 맞네.
어느새 바뀐 염량[179]의 처세가 너무 빠르니
너 같은 성품 타고난다면 정말 부끄럽겠지.

蚊

肥瘠能從暗裏探。畏明自是畏天監。
聲勢夜高眠客榻、生涯秋淡老禪菴。
珠簾落月喧千百、紈扇微風拍兩三。
居然身世炎凉薄、賦性如君也有慙。

178) 紈扇. 흰 깁(고운 명주)으로 만든 부채이다.
179) 炎凉. 염량세태(炎凉世態)로 권세를 따르고 가난을 멸시하는 경박한 세태를 가리킨다. 더우면 물러나고 추우면 몰려드는 것에 비유했다.

빈대

따뜻하면 취객 같고 추우면 굶은 중 같아
천정으로 바닥으로 오르내리고 기어드네.
분칠한 벽에 돌아다니며 피얼룩 찍고
빈대 잡다가 마루 틈을 들쳐보면 몰려 있구나.
모기와는 연이 멀어 혼인[180] 안되고
이(虱) 족속은 노나라 부용국 등나라처럼[181] 쇠잔해진 걸세.
네 집 후손들은 조상복도 많으니
백 아들 천 손자가 대를 잇누나.

蝎

暖如醉客冷飢僧。下地上天便入升。
走遍粉壁光金散、獵到松床勢土崩。
蚊親遠不通秦晉、虱族殘如附魯滕。
君家苗裔多陰福、子百孫千共繼繩。

---

180) 秦晉. 진진지호(秦晉之好)를 뜻한다. 진진(秦晉)은 춘추시대의 진(秦)나라와 진(晉)나라인데, 대대로 혼인을 하였으므로 후대에 들어와서 두 집안이 혼인하고 친밀하게 지내는 말로 쓰였다.

181) 노(魯)나라는 등(滕)나라의 종국(宗國)이다.

벌

힘껏 일해 의(義)의 씨 뿌리고 인(仁)의 밭 갈아
봄날에 비 내리면 한 집안이 번영하네.
살림 망친 탕자라고 나비를 부끄럽게 하고
녹봉 없는 벼슬아치라고 꾀꼬리를 비웃네.
어지럽게 드나드는 군사들 모두 계산이 있고
상벌을 줄 때에는 법에 맞게 하네.
꽃 따다 단 꿀 만든 뜻은 묻지를 마오.
사람 위해 만든 것 아니랍니다.

蜂

力勤義種與仁耕。恩雨陽春一室榮。
蕩子靡家羞倦蝶、虛官無祿笑遊鶯。
亂軍出入皆神算、飛將賞刑正法衡。
莫問採花成蜜意、爲人不是世情盲。

나비

종일토록 꽃을 찾다가 옥창 가에 이르니
난초 규방[182]과 매화 핀 관아[183]에 그림자가 쌍쌍일세.
고목에 기대어 부질없이 마을에 머무는 건 부끄러우니
흩날리는 꽃을 좇아 함께 강으로 들어가길 원하네.
눈썹을 그리며 손질하니 산이 거울에 비치고
술 향기에 날개 펄럭이니 눈발이 항아리에 날리네.
정이 엷으면 삼춘의 꿈도 쉽게 흩어지니
손님 보내는 발자국 소리 장원에 가까이 마라.

蝶

盡日尋芳度玉窓。蘭閨梅閣影雙雙。
羞依古木空留巷、願逐飛花共入江。
畫意歛眉山照鏡、酒香惹翮雪飄缸。
薄情易散三春夢、莫近莊園送客跫。

---

182) 蘭閨. 왕비나 공주의 거실, 후비(后妃)의 침실이다.

183) 梅閣. 남조(南朝) 양(梁)나라의 하손(何遜)이 양주(揚州)의 법조(法曹)로 있었는데, 관아의 동쪽 청사에 매화나무 한 그루가 꽃이 활짝 피었으므로 하손은 그 아래에서 매일 시를 읊곤 하였다. 하손이 뒤에 낙양(洛陽)으로 돌아왔으나 그 매화를 잊을 수가 없었다. 다시 그곳으로 부임할 것을 청하여 도착하니 역시 매화가 활짝 피었으므로, 그 아래에서 하루 종일 시를 짓고 읊었다. 이후로 매각(梅閣)이나 동각관매(東閣官梅)는 지방의 관아를 가리키는 말로 쓰였다.

매

배부르면 하늘에 날아오르고 굶으면 사람에게 따라붙으니
새나 짐승의 변덕이 세상인심 같구나.
회오리같이 날아오를 땐 하늘가의 한 조각 눈 같더니
사냥하러 내려올 땐 천산 변방의 봄바람일세.
번개같이 여우 토끼를 내리 덮치면 짓이겨지니
바람 소리만 들려도 닭 오리가 놀라서 달아나네.
샛별 같은 눈동자에 정신이 번뜩이니
백리 밖에서도 참과 거짓을 알아보네.

鷹

飽向雲霄飢附人。羽毛飜與世情新。
飛飄一片天涯雪、獵下千山塞上春。
電擊狐兎皆虀肉、風鳴鷄鶩已驚塵。
眸如星月精神轉、百里猶能辨假眞。

바둑 배운으로 즉흥적으로 읊다

곧은 길 비낀 길 사방 봐도 똑같지만
어리석은 적보다 잘 두어 쑥대밭처럼 만드는구나.[184)]
기묘한 수를 놓는 곳에 숲속의 꽃 떨어지고
한판 끝나 쓸어내니 진(陣)이 달처럼 비었네.
대나무 숲에선 밤비 소리 차갑고
자줏빛 영지 속에 맑은 바람 부니 노래 그치네.
고대광실 흑백 다툼이 이와 같으니
번복되는 한판 바둑이 세상길과 통하는구나.

棊 排韻口呼

直道橫絃四望同。賢於愚敵似旋蓬。
奇謀定處林花落、戰局掃餘陣月空。
夜雨聲寒脩竹裏、淸風歌罷紫芝中。
朱門黑白爭如此、翻覆一枰世路通。

---

184) 旋蓬. 뿌리가 뽑혀 바람에 날리는 쑥처럼 가볍게 처리한다는 뜻.

잠자리

두 날개가 사창보다도 가볍고 엷어서
정원의 난초와 물가 창포에 날다가 달라붙네.
가을엔 연꽃 흩어진 태액지에서 노닐고[185)]
저녁엔 갈대밭 달빛을 찾아 평강[186)]에서 잠을 잔다.
사는 곳은 용이하여 모기 파리떼 우글거리지만
종적은 맑고 높아 말똥구리를 비웃네.
매미와 나비 날개보다 풍채가 아름답지만
파리와 개미 따라 산초와 생강으로 달려가네.

蜻蜓

雙翅輕薄勝紗窓。 飛着庭蘭與渚菖。
秋散蓮花遊太液、 暮尋蘆月宿平羌。
生涯容易多蚊蚋、 踪跡淸高笑蛣蜣。
蟬翊蝶翅風彩美、 肯從蠅蟻赴椒薑。

185) 太液. 태액지는 연꽃으로 유명한 못인데, 청나라 문인 손승택(孫承澤)이 『춘명몽여록(春明夢餘録)』에서 연도팔경(燕都八景)을 꼽으면서 그 가운데 하나로 '태액지(太液池)의 가을바람[太液秋風]'을 들었다.

186) 平羌. 이백(李白)의 「아미산월가(峨嵋山月歌)」에 나오는 지명이다. "아미산에 반달이 뜬 가을, 그 그림자 평강의 물굽이에 비치누나[峨嵋山月半輪秋. 影入平羌江水流.]."

이

마른 옷에만 엎혀 살 뿐 도롱이에는 살지 않고
허리 사이 겨드랑이 아래는 지나가기 싫어하네.
아픔과 가려움은 그대들 몫이니 관심이 적고
굶주림과 갈증은 내 몸에 간절하니 염치도 없네.
짙은 머리털에 돌아가 묻히니 묵은 풀 돋아나고
고운 피부 마구 깨무니 연꽃 모양이 새로 생겼네.
남 해치고 자기는 살찌겠다니 얼마나 어리석은가
잡혀 죽어 시체로 산을 이루고 피로 강을 만드네.

虱

只處乾衣不雨簑。腰間腋下懶經過。
痛癢在彼關心少、飢渴切身沒恥多。
雲髮歸埋生宿草、雪膚亂咋染新荷。
害人肥己何愚蠢、半作尸山與血河。

쥐

푸른 숲[187] 밤 비 속에 도롱이도 걸치지 않고
구멍 뚫고 담 너머 기어서 지나가네.
뒷간 분수에 만족하면 먹고 살 만한데
고량진미 탐내다가 화를 많이 당하네.
땅바닥을 빨리 달리면 낙엽 휩쓰는 바람 소리가 나고
천장을 내달리면 연잎에 빗방울 떨어지는 소리 들리네.
개는 강한 이웃이고 고양이는 원수
편한 세상 언제일는지 황하수 맑기[188]를 노래하네.

鼠

綠林夜雨不衣簑。穿穴踰墻匍匐過。
溷厠安分生計足、膏粱惹慾禍機多。
疾行信地風驅籜、亂踏紙天雨滴荷。
狗是强隣猫敵國、太平何日誦淸河。

---

187) 綠林. 산 속에서 사람을 불러모아 무리를 지어 훔치기 때문에, 녹림(綠林)은 도적을 이르는 말이다. 여기서는 쥐를 일종의 도둑으로 인식하기 위한 비유이다.

188) 淸河. 황하는 항상 흐리기 때문에, 옛 사람들이 이 물이 맑으면 상서의 징조라 하여 황하 맑기를 송축의 의미로 칭송하였다.

흰 매화

황혼에 한 그루 홀로 빛을 발하며
눈꽃과 더불어 시비 따지기를 부끄럽게 여기네.
시인은 봄추위 때문에 수척해지고[189]
미인의 혼은 밝은 달빛 띄고 돌아가네.
싸늘한 얼음벽에 아침 햇살 약해지고
비단 창에 해맑게 서니 밤빛도 희미해지네.
한강물은 해마다 옛 모습 그대로이니
연지분 그만 두소, 향기로운 옷 더럽혀지네.

白梅

黃昏一樹獨生輝。羞與雪花較是非。
唫士骨緣春冷瘦、美人魂帶月明歸。
寒依氷壁朝暉減、淡立綺窓夜色微。
漢水年年如舊面、不敎脂粉汚香衣。

189) 이백(李白)의 「희증두보(戲贈杜甫)」 시에 “반과산 꼭대기에서 두보를 만났는데, 머리엔 대삿갓 썼고 해는 마침 한낮일세. 묻노니 작별한 뒤로 어찌 그리 수척해졌나, 모두가 종전에 괴롭게 시 읊조린 탓일세[飯顆山頭逢杜甫. 頭戴笠子日卓午. 借問別來太瘦生, 總爲從前作詩苦.].”라고 한 데서 나온 표현이다. ‘연(緣)’은 인연(因緣), 연유(緣由)라는 뜻인데, 이 구절에서는 ‘탓으로’ 또는 ‘때문에’로 번역하는 것이 좋다.

붉은 매화

산호수 가지 하나에 비단 창문 드높은데
달빛 아래 비단 적삼 차림으로 외로이 섰네.
혼이 나산에 드니[190] 고운 눈 휘날리고
단장하고 한수에 서서 연지 물결 일으키네.
술자리에 떨어지면 붉은 색이 잔에 스미고
화첩에 번지면 피가 붓을 적시네.
복숭아 앵두 같은 뺨은 아주 야윈 몰골이지만
인간들은 저마다 봉래산 돌아가기를 꿈꾸네.

紅梅

珊瑚一朶綺窓高。月下錦衫夜立孤。
魂入蘿山飄絺雪、粧臨漢水弄臙濤。
酒筵錯落丹浸酌、畵帖淋漓血染毫。
桃頰櫻腮多瘦骨、人間歸夢在蓬壺。

190) 옥하관(玉河館)에 있던 날 역관 진인남(秦仁男)이 분매(盆梅)를 하나 얻어서 관상하게 해 주었는데 [중략] 꽃망울만 맺힌 채 터지지 않은 것이 마치 저라산(苧蘿山)의 미녀가 눈 속에 열은 화장을 한 채 수줍어 말도 못하는데도 이미 예뻐 보이는 것 같다. -이수광 『지봉집』 제16권 「속조천록(續朝天錄) 영납매(詠臘梅)」
이수광이 북경(北京)에서 섣달 매화를 보고 그 아름다움을 저라산 미녀 서시(西施)에 비유하였다.

해오라기

봄 강물에 흰 눈을 옷으로 가득 덮어쓰고
어부와 한가롭게 떨어져 석양 속에 앉았네.
도롱이에는 빗물 자국 돛에는 안개 자국이 희미하고
물가의 구름 모래밭 달빛 속에 꿈은 길구나.
갈대 언덕에 날아들면 갈꽃과 빛이 같고
연못가에 오뚝 서면 향기로운 옥돌 같구나.
인간세상 홍망을 귀찮게 내게 묻지 마소
물나라에 몸 부치고 세월 보낸다오.

白鷺

春江白雪滿衣裳。散與漁翁坐夕陽。
簑雨帆烟踪跡淡、渚雲沙月夢魂長。
飛來蘆岸花同色、竚立蓮汀玉有香。
莫把興亡煩問我、寄身水國送年光。

선달[191] 윤춘경[192]에게 지어 주다

옥문을 일단 벗어나도 나그네 길이 희미해
돌아갈 처자 없고 기다리는 어머니도 없네.
나가서 두 끼 어려우면 관식(官食)이 생각날 테고
붉은 옷[193] 벗어 놓으면 무얼 갈아입으랴.
예전 허물만 고치면 남에게 경계가 되니[194]
선비는 궁해진 뒤에야 살아가는 기미[195]를 아네.
삼년 옥살이에 풍상이 뼈에 사무쳤지만
임금의 은혜 입어 살아났으니 지난 잘못을 뉘우치리.

贈尹先達春景

一出牢門客路微。歸無妻子倚無扉。
去難再食思官食、脫有何衣換赭衣。
人改過前多覆轍、士窮道後乃知機。
三年囹圄風霜骨、生得天恩悟昨非。

---

191) 先達. 무과에 급제하고 아직 벼슬을 얻지 못한 사람을 일컫는 말이다.

192) 尹春景. 참정내부대신(參政內部大臣) 박정양(朴定陽)이 1898년 05월 04일 찬정법부대신(贊政法部大臣) 이유인(李裕寅)에게 보낸 조회(照會) 제14호에 수구문 밖에서 체포된 윤춘경의 기록이 보인다.

193) 자의(赭衣)는 죄수들이 입던 붉은 옷인데, 바뀌어 죄수로도 쓰인다.

194) 앞에 가는 수레가 엎어졌는데도 뒤에 가는 수레가 경계하지 않는다. 이 때문에 뒤에 다시 엎어지는 것이다[前車覆而後車不誡, 是以後覆也]. -한영(韓嬰) 『한시외전(韓詩外傳)』

195) 機微. 낌새나 징조.

백허를 위로하며 지어 주다

온갖 사념을 잊으니 늙은 스님일세.
밤마다 허튼 시름 아예 마소서.
백락이 없으니 천리마를 뉘 알아주랴.[196)]
백 편 읊기는 청련 시인만이 할 수 있다오.[197)]
못가에선 마른 웅덩이 물고기[198)]도 살 길 있으니
달리는 말에 채찍질 더해 무엇하리오.
그대 위해 강개하여 슬픈 노래 부르니
싸늘한 찬바람이 연(燕) 땅의 역수일세.[199)]

---

196) 그대는 천리마 이야기를 아는가? 천리마가 늙도록 소금 수레를 끌다가 태항산을 올라가게 되었는데, 말굽은 떨어지고 무릎은 부러졌으며 꼬리는 늘어지고 살에서 땀이 비오듯했다. 게다가 소금이 녹아 내려서 땅을 적시는데, 흰 땀까지 뒤섞였다. 산중턱에서 오르지도 못하고 내려가지도 못할 판인데, 수레 멍에까지도 부러졌다. 이때 마침 백락이 이 말을 보고는, 수레에서 내려 붙들고 울었다. 그리고는 비단옷을 벗어서 말에게 덮어주었다. 천리마는 땅에 엎드려 숨을 몰아쉬다가, 고개를 들어 크게 울었다. 그 소리가 하늘에 울려, 마치 쇠나 돌에서 나는 소리 같았다. 왜 그랬는가? 그가 만난 백락이 바로 지기(知己)였기 때문이다. -『전국책(戰國策)』「초(楚)」

197) 青蓮. 당나라 시인 이백(李白, 701~762)의 호이다.
이백은 술 한 말에 시가 백 편인데
장안 시장의 술집에서 잠자네.
천자가 오라고 불러도 배에 오르지 못하면서
신은 술 가운데 신선이라고 스스로 칭하네.
李白一斗詩百篇. 長安市上酒家眠.
天子呼來不上船, 自稱臣是酒中仙. -두보(杜甫)「음중팔선가(飮中八仙歌)」

198) 魚涸轍. 고철부어(涸轍鮒魚)와 같은 말이다. 『장자(莊子)』「외물(外物)」에 수레바퀴가 지나간 자리에 고인 물에 사는 붕어로 고단한 삶을 비유한 말이 있다.

199) 춘추시대에 자객 형가(荊軻)가 연나라 태자 단(丹)을 위해 진왕(秦王)를 암살하려고, 비수 하나와 지도, 그리고 진나라에서 망명해 온 장군 번오기의 목을 가지고 역수(易

白虛贈慰

萬念付虛卽老禪。中宵且莫意綿綿。
定無伯樂知千里、只可靑蓮詠百篇。
近澤自生魚涸轍、走崎奚用馬加鞭。
爲君感慨悲歌發、蕭瑟寒楓易水燕。

水)를 건넜다. 태자 단과 이 일을 아는 사람들이 쌀쌀한 바람이 부는 역수까지 따라갔다가, 슬픈 노래를 부르며 헤어졌다. 고점리(高漸離)가 축비파를 타자 형가가 노래로 화답했다. "바람이 쌀쌀하게 부니 역수가 차갑구나! 장사가 한번 가면 돌아오지 않으리[風蕭蕭兮易水寒 壯士一去兮不復還.]."라는 노래를 후인이 「역수가(易水歌)」라 칭했다.

폭포

옥룡이 절벽에 매달려
반쯤은 저 푸른 하늘에 들었네.[200]
바위 구렁에 우박 쏟아져 어둑해지고
천둥소리 쳐서 해와 별 움직이네.
황하 그림자가 낮게 걸리고
은하수 거꾸러진 모습일세.
절간[201]은 맑은 날에도 축축해
사철 뜨락에 빗물이 가득하구나.

瀑布

玉龍懸絶壁。半入九天靑。
飛雹昏巖壑、殷雷動日星。
黃河低掛影、銀漢倒垂形。
蕭寺晴還濕、四時雨滿庭。

---

200) 이백(李白, 701~762)이 「여산 폭포를 바라보며」라는 시에서 "태양 비친 향로봉 붉은 연기 피어나는데, 멀리 바라보니 폭포가 냇물 위에 걸렸구나. 물길 날려 삼천 척을 곧장 내리 쏟아지니, 아마도 구천에서 은하수가 떨어지는게지[日照香爐生紫煙. 遙看瀑布掛前川. 飛流直下三千尺, 疑是銀河落九天.]."라고 하였다

201) 蕭寺. 불교의 사원을 가리킨다. 양나라 무제(武帝) 소연(蕭衍)이 절을 짓고 나서 소자운(蕭子雲)을 시켜 비백(飛白)의 서체(書體)로 자기의 성씨인 소(蕭) 자를 크게 써서 붙이게 하였다. 그 뒤부터 절을 소사(蕭寺)라고 하였다.

쫓겨난 스님

부처의 선지식으로 선악을 잘 알건만
일생 부닥친 인연이 기구하구나.
사사로운 미움으로 쫓겨다니니 부끄러울 게 없건만
부처님 가르침 전하지 못해 눈물 흘리네.
자비스런 일념은 햇살같이 밝고
삼신[202]의 보응은 천둥번개같이 빠르네.
사해에 외로운 자취 모두가 부평초이니
이르는 곳마다 중생을 건져 주시게.[203]

見逐僧

善惡昭昭有佛知。一生遭遇萬緣奇。
私嫌見逐心無怍、聖道欠傳淚欲垂。
一念慈悲天日照、三身報應電雷馳。
孤踪四海皆萍水、但願慈航到處移。

---

202) 三身. 대승불교에서 부처의 세 가지 몸 또는 세 가지 존재 방식을 가리키는 말인데, 일반적으로 법신(法身), 보신(報身), 응신(應身)을 말한다. 법신은 절대적 지혜의 지고한 상태, 즉 진리 그 자체를 가리키는 것으로 빛깔이나 형상이 없다. 보신은 한량없는 노력과 정진의 결과 깨달음에 이른 부처의 영원한 몸으로, 진리를 깨닫는 데서 오는 기쁨[法悅]을 누린다. 응신은 중생을 교화하기 위하여 지상에 나타나는 몸으로, 현실 속에 보살, 왕, 그림, 연꽃과 같은 꾸밈없는 사물 그 자체로 나타난다.

203) 慈航. 부처와 보살이 자비로운 마음으로 대중을 제도하여 생사의 고해로부터 벗어나게 하는 것이 마치 배로 사람들을 태워 물을 건너게 하는 것과 같다는 뜻이다.

매미

국화 동산의 향기로운 이슬 달게 마시고
바람 따라 서쪽 남쪽을 두루 날아다니네.
저녁이라 오동나무에 거문고 타는 소리 맑은데
비 개인 하늘에 버들가지 제 세상일세.
흙 속에 옛 껍질 남아 부끄러운데
시름겨운 울음소리 홑적삼 두려운 게지.
풀벌레 유족으로 신선[204] 족보에 올랐으니
세속의 흐린 물[205]을 탐낼 리 있으랴.

蟬

香露菊園飮料甘。隨風飛遍水西南。
淸音夕院桐生瑟、得意霽天柳染藍。
名愧塵形餘舊殼、唫愁秋氣怯單衫。
草虫遺族參仙籍、肯向貨泉漫的眈。

---

204) 이슬만 먹고 사는 매미가 허물을 벗고 성충이 되므로, 환골탈태(換骨奪胎)하여 우화등선(羽化登仙)한 신선이라고 하였다.

205) 전한(前漢) 말기에 왕망(王莽)이 제위를 찬탈한 다음, 유씨(劉氏)를 몹시 꺼린 나머지 전문(錢文)에 금도(金刀)가 있다 하여 이를 화천(貨泉)으로 고쳤다. 이 시에서는 이슬만 먹는 매미가 '돈의 샘물(貨泉)'은 먹지 않는다는 뜻으로 썼다.

두꺼비

떠난 후[206]에 달 궁전[207]은 스스로 빛나는데
인간세상에 와서는 바위틈을 집으로 삼았구나.
뜨거운 바람 부는 거리에선 깊은 풀숲에 숨고
비 그친 못가에서는 흩어진 꽃 사이를 거니네.
일 많이 하려 침범하는 작은 개미가 밉고
까닭 없이 쪼아대는 잔인한 까마귀가 원망스럽네.
개구리 모양 자라 몸으로 나이 들어 늙었는데
가슴은 황금으로 도금하고 등엔 모래 뿌렸네.

蟾

別後桂宮月自華。人間巖穴寄爲家。
炎風門巷藏深草、霽雨池塘步散花。
多事侵凌憎細螘、無端啄戲怨殘鴉。
蛙形鱉體年垂老、胸鍍黃金背點砂。

---

206) 別後. 옛날에 예(羿)가 서왕모에게서 불사약(不死藥)을 얻어 오자, 예의 아내 항아가 이를 훔쳐 먹고 달 속의 광한전으로 들어가서 몸을 숨겼다가 두꺼비가 되었다." 『후한서』 「천문지(天文志) 상」

207) 桂宮. 당나라 도사(道士) 나공원(羅公遠)이 중추절에 계수나무 한 가지를 공중에 던져 '은빛 다리(銀橋)'를 만들어 현종(玄宗)과 함께 월궁(月宮)에 올라 선녀들의 춤을 구경하고 「예상우의곡」을 듣고 돌아왔다고 하는 전설이 『설부(說郛)』에 실려 있다. 달나라 광한전에 계수나무가 있다고 하여 달나라를 계궁(桂宮), 또는 섬궁(蟾宮)이라고도 한다.

누에

경륜[208]을 가득 지니고도 때를 못 만나
부지런히 실 토해 길쌈질 이바지하네.
알에서 깨어날 땐 조그만 벌레 모양이더니
고치에서 날개 돋쳐 나방 되며 날아오르네.
어린아이 기르듯 방에 재우고
먹이 재촉하니 게으른 아낙네도 뽕잎 따러 올라가네.[209]
장안에 놀고먹는 사람들 몇몇이 있어
비단옷 입고 놀러다니며 잘난 척하네.

---

208) 오직 천하의 지극히 성실한 분이어야 능히 천하의 대경을 경륜(經綸)하며, 천하의 대본을 세우며, 천지의 화육을 알 수 있으니, 어찌 다른 것에 의지할 것이 있겠는가[唯天下至誠, 爲能經綸天下之大經, 立天下之大本, 知天地之化育, 夫焉有所倚.]. -『중용장구(中庸章句)』 제32장

주자(朱子)가 『주역(周易)』「둔괘(屯卦) 상전(象傳)」을 풀면서 「본의(本義)」에서 "경륜(經綸)은 실을 다스리는 일이니, 경은 이끎이요, 윤은 다스림이다. 어려운 세상은 군자가 큰일을 할 수 있는 때이다[經綸, 治絲之事, 經, 引之; 綸, 理之也. 屯難之世, 君子有爲之時也.]."라고 실(絲)과 관련지어 설명하였다.

이서애(李西涯)가 어렸을 때 신동(神童)으로 소문이 나자 황제가 그를 궁궐에 불러들여 대구(對句)로 시험하였는데, 황제가 "게는 온몸이 갑주로 덮여 있네[螃蟹渾身甲冑]." 하자, 이서애가 "거미는 뱃속에 경륜이 가득 찼네[蜘蛛滿腹經綸]." 하였다는 이야기가 『원명사류초(元明事類鈔)』 제40권에 나온다. 거미뿐만 아니라 누에도 뱃속에서 실이 나오므로 우남이 이렇게 표현하였다.

209) 採登皐. '고(皐)'는 언덕이니, 뽕잎을 따러 언덕에 오른다는 뜻이다.

동쪽 언덕에 올라 휘파람을 불고, 맑은 시냇가에서 시를 짓기도 한다[登東皐以舒嘯, 臨淸流而賦詩.]." -도연명 『귀거래사(歸去來辭)』

蠶

滿抱經綸惜未遭。吐絲供績只勤勞。
卵生葉筥虫形細、羽化繭房蝶影高。
養似孩兒眠在室、食催懶婦採登皐。
長安多少無功客、錦繡遊衣任自豪。

「추일조행(秋日早行)」 시에 화답하다

달이 진 강마을에 빗장들 닫아걸어
쓸쓸한 길가에 정자 하나만 보이네.
개 짖자 초가집에 촛불 꺼져 가더니
마을에 닭이 울자 별빛도 스러지네.
갈대밭 가에 해오라기 새벽까지 잠자고
버들 너머 희미한 불빛은 강 건너는 반딧불일세.
벌판에 첩첩이 나무들 멀리 아득한데
말머리 향하는 곳에 산들이 어지럽게 병풍을 쳤네.

和秋日早行詩韻

月落江村尙掩扃。凄迷纔見路傍亭。
犬吠茅茨將滅燭、鷄聲籬落欲殘星。
蘆邊曙色眠沙鷺、柳外微光渡水螢。
曠野重重生遠樹、馬頭指點亂山屛。

낙엽

서풍이 불어오니 나무들 소리가 들려[210)]
다락에 오른 먼 길 나그네 시름이 가득하네.
밤새 창 앞에 빗소리 들리더니
아침에 버들 너머로 산이 뚜렷이 보이누나.
희뿌연 달빛 사이로 어지럽게 흩날려
가을빛이 누런 잎 사이에 흩어져 쌓이네.
섬돌을 쓸어보니 기장밥 짓기에 넉넉해
나무꾼 아이 반나절 쉴 틈이 생겼구나.

落葉

樹○西風語萬端。樓中遠客動愁顔。
夜聽蕭瑟窓前雨、朝見分明柳外山。
月色亂翻虛白裏、秋光散積淡黃間。
掃階自足供炊黍、剩得樵童半日閒。

210) 樹○. 원문의 두 번째 글자가 비어 있어서, 나뭇잎이 떨어지는 소리인지 바람결에 서로 부딪치는 소리인지는 알 수가 없다.

게으른 아낙

빗질하고 밥 차리는 예의범절을 못 배웠으니[211]
바느질에 쓸고 닦기를 맡길 수 없네.
배부르면 시어머니 방에서 침상에 누워 자고
잔치 자리에 웃으며 나가 신 거꾸로 신고 오르네.
거울은 상자 속에 넣어만 두고
베틀 위 화등[212]은 저절로 꺼지네.
기나긴 겨울밤도 짧다고 투덜대면서
이웃 아이 끌어다 동무 삼아 놀자고 하네.

懶婦

供櫛司飡學未曾。裁衣奉箒託無憑。
飽來姑室依床睡、笑出賓筵倒履登。
箱裏空留明月鏡、機頭自滅落花燈。
支離冬夜還愁短、强與隣兒戲作朋。

---

211) 소학(小學)의 교육 방법으로 말하자면, 물 뿌리고 쓸며 응하고 대답하며, 들어와서는 효도하고 나가서는 공손하여, 동작이 혹시라도 어긋남이 없게 하는 것이다[小學之方, 灑掃應對, 入孝出恭, 動罔或悖.]. -『소학(小學)』「제사(題辭)」
8세가 되면 가장 기본적인 예의범절을 배웠는데, 이 여인은 이런 것을 배우지 못했다는 뜻이다.

212) 花燈. 꽃무늬로 장식한 등.

눈병

속을 태워 생긴 병이라 저절로 낫기 어려워
열흘 동안 술도 마시지 않고 시도 보지 않았네.
흐릿한 날엔 달무리 보여 맑은지 흐린지 아지 못하고
온 땅에 안개꽃 어른거려 평지인지 아닌지도 모르겠네.
촛불 보거나 바람이 차가우면 눈썹 자주 깜박이고
아침 창문에 해 비치면 눈물이 앞서,
만사가 시들해져 늘 눈 감고 있자니
게으름만 늘어서 바보같이 앉았네.

病眼

病由心燥自難醫。 戒飮經旬廢看詩。
迷天暈月欺晴濕、 滿地昏花昧險夷。
夜燭風寒眉數鬪、 朝窓日射淚先知。
萬事尋常長閉眼、 仍添踈懶坐如痴。

귀머거리 병

낮 시계 소리와 아침 종소리를 구분하지 못해
천지가 적막한 가운데 세월만 가네.
의자 가까이 피리소리를 새소리인가 의심하고
창가에 흔들리는 꽃 그림자는 바람소리로 여기네.
소낙비가 대숲에 쏟아져도 조용하다 하고
세찬 조류가 풍교[213]를 지나도 적막하다 생각하네.
조물주는 아마도 내가 세상 때문에 병이 들까봐
시비 다툼이나 웃고 노래하는 소리에 귀 멀게 하셨겠지.

病聾

不分漏午與鍾朝。天地寥寥歲月消。
近榻笛聲疑鳥語、搖窓花影認風飄。
驟雨從容來竹院、急潮寂寞過楓橋。
造物恐吾因世病、使聾非是又啼謠。

---

213) 楓橋. 중국 강소성 오현(吳縣) 창문(閶門) 밖의 한산사(寒山寺) 부근에 있던 다리인데, 이 시에 나오는 한산사 종소리로 유명해졌다. 여기서는 밀물 소리를 듣지 못한다는 문맥이지만, 한산사 종소리를 듣지 못한다는 뜻도 들어 있다.
고소성 밖 한산사에서, 밤중에 치는 종소리 나그네 배에 들려오네[姑蘇城外寒山寺, 夜半鐘聲到客船.]. -장계(張繼) 「풍교야박(楓橋夜泊)」

얼음

추운 아침이라 창문이 겹겹으로 얼어붙어
가는 햇살이 하루 종일 녹이지 못하네.
밝은 달 그림자가 거울같은 얼음에 잠겨 있고
백옥의 정기가 흩날리는 매화를 시샘하네.
처마 끝에 고드름이 줄지어 달리고
다리엔 깨진 유리조각이 가득 흩어졌네.
곳곳에 요지와 패궐[214]이 높이 솟았으니
목왕[215]이 「백운요」[216]를 회상하겠구나.

---

214) 貝闕. 패궐주궁(貝闕珠宮)의 준말로, 수신(水神) 하백(河伯)이 산다는 용궁(龍宮)의 별칭이다. 『초사(楚辭)』 「구가(九歌) 하백(河伯)」에 "물고기 비늘 집 용의 저택이요, 붉은 조개 누각 붉은 궁궐이로다[魚鱗屋兮龍堂, 紫貝闕兮朱宮.]."라고 하였다.

215) 穆王. 주나라 소왕(昭王)의 아들인데, 성은 희(姬)이고, 이름은 만(滿)이다. 55년 동안 임금 자리에 있었다. 서쪽으로 견융(犬戎)을 치고, 동쪽으로는 서이(徐夷)를 정벌하여, 주나라를 굳건하게 하였다. 조보(造父)를 마부로 삼아 팔준마(八駿馬)를 타고 서쪽으로 신선을 찾아 다니다가, 요지에서 서왕모(西王母)를 만났다고 한다. 서진(西晉) 무제 때인 태강 2년(B.C.281)에 부준이라는 사람이 위나라 금왕, 또는 양왕의 무덤이라고 전해지는 옛무덤을 도굴하다가 그를 주인공으로 한 소설 『목천자전(穆天子傳)』을 발견하면서, 목왕과 서왕모의 이야기가 세상에 널리 전해졌다.

216) 「白雲謠」. 주나라 목왕이 서왕모를 만나서 잔치를 벌였을 때에 서왕모가 불렀다는 노래의 제목을 가사 첫 부분을 따서 「백운요(白雲謠)」라고 한다.
길일(吉日)인 갑자일에 [목]천자는 서왕모(西王母)에게 손님으로 갔다. 흰 규(圭)와 검은 벽(璧)을 가지고 서왕모를 만나, 꽃무늬 비단끈 200장과 비단끈 600장을 즐거이 바쳤다. 서왕모는 두 번 절하고 그것을 받았다. 을축일에 천자가 요지(瑤池) 가에서 서왕모에게 술을 대접했다. 서왕모가 천자를 위해서 노래했다.
"흰 구름은 하늘에 떠 있고
산언덕은 절로 솟았네.
길은 아득히 먼데

氷

凝窓重疊掩寒朝。盡日微陽冷不消。
鏡面鎖藏明月影、玉精倩姤落梅飄。
連成珠箔長垂瓦、碎破琉璃散滿橋。
處處瑤池高貝闕、穆王回憶白雲謠。

산과 시냇물이 그 사이에 있네.
그대가 부디 죽지 말고
돌아오시길 바라네." -『목천자전』 권3

반딧불이

푸른 하늘은 물 같고 달은 머리빗 같은데
반짝이는 반딧불이 이리저리 날아다니네.
가을에 원망 많은 여인이 부채로 쳐서 잡아
가난한 선비가 밤에 책 읽을 수 있게[217] 대어주네.
고기잡이 등불이 바람에 흔들리니 강추위 더해지고
이슬로 적셔진 들판 빈 곳을 별똥별이 채워주네.
숨어 사는 이가 맑게 감상하려는 뜻을 알았는지
대 울타리 성긴 틈으로 분분히 새어 들어오네.

螢

碧天如水月如梳。明滅殘螢不定居。
秋感怨姬搖撲扇、夜供貧士拾看書。
風飄漁火添江冷、露濕流星補野虛。
似解幽人淸賞意、紛紛漏入竹籬疎。

---

217) 윤(胤)의 자는 무자(武子)인데, 어려서부터 공손하고 부지런하여 많은 책을 읽었다. 그러나 집이 가난하여 늘 기름을 얻을 수 없었으므로, 여름철에는 비단 주머니에다 반딧불 수십 마리를 채웠다. 그것으로 책을 비춰서 글을 읽어, 밤에도 낮[에 하던 독서]를 계속하였다. -『진서(晉書)』「차윤전(車胤傳)」

개인 겨울날

추운 기운이 몸에 스며들어 단잠을 깨우고
북풍이 땅을 쓸어 새벽 서리 싸늘하구나.
산마다 눈이 쌓여 집안에 찬 기운 돌고
만 리 하늘에 구름 없어 처마 밑이 새파랗네.
넓은 들판에 새 한 마리 아득히 날아가고
강물 위에 두세 봉우리 옅게 비치는구나.
밤에 들어 하늘[218]이 거울같이 맑아지자
은하수가 낮게 드리워 기와 끝에 닿았네.

冬晴

朔氣侵人蠹宿酣。北風捲地曉霜嚴。
千山有雪寒生屋、萬里無雲碧入簷。
野色平隨孤鳥逈、江光淡送數峰添。
夜來玉宇淸如鏡、河漢低垂瓦角尖。

---

218) 玉宇. 옥우경루(玉宇瓊樓)의 준말로, 달 속에 있는 옥으로 장식한 궁궐을 뜻한다. 나중에 변하여 하늘, 또는 왕이 사는 궁궐을 가리킨다.

「가을 강에 배를 띄우다」 시운에 따라

강 가득한 갈대숲은 하얗게 끝이 없고
한 조각 비낀 햇빛이 돛대 끝에 걸렸네.
배에 만경창파 위의 세상을 싣고
노로 십 리 물결 속의 하늘을 저어 가네.
영웅은 물거품처럼 일어나 천겁[219] 세월을 가벼이 여기고
나그네는 부평초처럼 백년 세월을 아득히 생각하네.
저물녘 마을 찾아 긴 포구에 내리니
채련가[220]와 어부의 피리소리 멀리서 들려오네.

依秋江泛舟韻

滿江蘆萩白無邊。一片斜陽掛帆巓。
舡載萬頃波上世、棹搖十里浪中天。
英雄泡起輕千劫、逆旅萍浮渺百年。
薄暮尋村長浦下、蓮歌漁笛遠相傳。

219) 千劫. 영원한 세월을 뜻한다. 불가에서는 우주가 한 번 생성해서 존속하는 기간을 1겁(劫)이라 하고, 겁이 다하여 우주가 파괴되는 시기를 괴겁(壞劫)이라 한다. 이때 세찬 불길이 하늘과 땅을 태워 겁의 재가 생겨나는데, 겁의 재는 전란을 뜻하는 말로 쓰인다.

220) 蓮歌. 채련가(採蓮歌)는 연밥 따는 사람의 노래 소리를 뜻한다.

궁중의 물시계

궁궐 안 길이 숫돌 같이 반듯해도[221] 사람들 어깨 부딪치니[222]
대루원[223]의 어느 신하인들 생각 끝없지 않으랴.
새벽 되면 용루의 푸른 창살문[224]이 열려
조회 참석하는 관원들이 줄 지어[225] 자금성[226]에 가득하네.
금과 구리로 만들어 가볍게 소리 울리고
몸통은 얼음같은 옥이어서 티 한 점 없네.

---

221) 『시경(詩經)』「대동(大東)」에 "주나라로 가는 길 숫돌처럼 판판한데 그 곧기가 화살 같도다. 군자가 밟는 바요 소인들이 우러러보는 바로다[周道如砥, 其直如矢. 君子所履, 小人所視.]."라고 하였는데, "周道如砥"를 "宮途如砥"로 바꿔 썼다. 도(道)와 도(途)는 같은 뜻이다.

222) 『사기(史記)』 권69 「소진열전(蘇秦列傳)」에 "임치의 도로는 번잡하고 수렛대가 서로 부딪치며 사람들의 어깨가 서로 닿았다[臨菑之塗, 車轂擊, 人肩磨]."라고 하였다. 이 시에서는 궁궐 안 길이 숫돌처럼 반듯하고 넓어도, 대루원의 문 열기를 기다렸던 신하들이 어깨를 부딪치며 지나갈 정도로 많았다는 뜻이다.

223) 원문은 시원(侍院)인데, '시(侍)'자가 아니라 '대(待)'자가 맞다. 누(漏)는 물시계인데, 궁궐의 물시계를 관리하는 부사가 대루원(待漏院)이다. 백관이 아침에 조정에 들어가 황제를 알현할 준비하는 것을 대루(待漏)라고 한다. 당(唐)나라 원화(元和) 초에 대루원을 설치하여 조정의 신하들이 새벽에 모이는 장소로 삼았다.

224) 青瑣. 황궁(皇宮)의 창문에 청색으로 두른 꽃무늬 장식인데, 궁정(宮廷)을 가리키는 말로 쓰였다.

225) 鵷列. 조정 신하들이 조회하려고 줄 지어 선 행렬을 비유한 표현이다.

226) 紫禁. 천문학에서 북극성을 포함한 일단의 구역을 자미원(紫微垣), 또는 자극(紫極)이라고 불렀다. 이곳은 위치가 바뀌지 않는 하늘의 중심에 해당하므로 천제(天帝)가 거주하는 별자리로 인식했고, 이를 땅 위에 배당하여 제왕이 거주하는 궁궐을 비유했다. 중국 북경 고궁의 정식 명칭이 자금성(紫禁城)인 이유도 바로 여기에서 유래했다. 그러나 다른 궁궐도 자금(紫禁)이나 자미(紫微), 또는 자미원(紫微垣)이라고 표현할 수 있다.

세월은 덧없이 흘러가는데 신선은 오지 않아
거울에 비친 황제의 귀밑머리에 흰머리만 늘어가누나.

宮漏

宮途如砥衆肩磨。侍院何臣意莫涯。
曉達龍樓靑瑣闢、朝催鵷列紫禁斜。
勢借金銅輕有響、體兼氷玉淡無瑕。
歲月空殘仙不到、漢皇鏡裡鬢霜加。

낮잠

낮잠 잘 때엔 온갖 새소리 들리지 않고
혼이 어슴푸레 동편과 서편을 떠도네.
꽃그늘 아래 반나절은 책 읽는 소리 끊기고
석양에 피리소리 들으니 술기운도 가라앉네.
두 눈은 저 멀리 노는 나비 따라 가고
이내 몸은 노곤해져 흰 구름처럼 스러지네.
낮 창문 깊이 닫고 거문고도 타지 않아
앉은 자리에서 잠시 절로 시름에 젖네.

午睡

午枕微聞百鳥啼。依稀魂遍水東西。
花陰半日書聲斷、竹籟斜陽酒氣低。
兩眼遠隨遊蝶去、一身倦與白雲齊。
晝窓深掩琴無語[227]、席上移時自在愁。

227) 원문에 "晝窓掩琴深無語"라고 되어 있었지만, '掩'자 위에 ' 。 ' 표시를 하여 '深'자를 넣으라고 교열한 흔적이 있다. 이 시는 평성(平聲)의 제운(齊韻)으로 쓴 측기식(仄起式) 칠언율시이어서, 이 구절은 '○평○측평평측'으로 되어야 한다. ○은 평성이나 측성 둘 다 올 수 있지만, '琴'은 평성이어서 네 번째 글자에 올 수 없고, 측성(상성)인 '掩'이 그 자리에 오는 것이 맞다. 『체역집(替役集)』 필사본에 교열한 부호에 따라 원문을 수정하여 번역하였다.

화운하여 읊다

고기 잡고 나무하며 구름 흐르고 물 좋은 고향에서
태평가 부르며 살기가 자나깨나 소원일세.
천하의 선비들과 친교를 맺어
봄철 내내 시 짓고 술 마시며 꽃놀이도 하고 싶구나.
좋은 밭의 가라지는 뿌리채 뽑아 버려야
깊은 골짜기의 지초와 난초가 더욱 향기롭지.
초야에 우리 같이 한가로운 늙은이 되어
강구[228] 연월 우리 황제를 찬송하리라.

和韻口呼

漁樵雲水百年鄉。願在昇平夢寐長。
四海衣冠相結伴、三春詩酒共尋芳。
良田稂莠皆除孽、幽谷芝蘭不掩香。
草野同爲閑父老、康衢烟月頌吾皇。

228) 康衢. 요(堯)임금이 자신의 치적에 대한 여론을 들으려, 변복으로 거닐었던 거리가 강구(康衢)이다. 이때 백성들이 태평성대를 즐기며 부른 노래가 「격양가(擊壤歌)」인데, 이를 「강구요(康衢謠)」라고도 한다.

망건

가난한 선비 정수리에 찢어진 구멍이 많아
어질다 해도 청산유수 말 잘하는[229] 것을 믿을 수 없네.
싸서 상자 속에 넣어 두자니 좀이 쓸까 걱정되고
가시밭에 내버리자니 구리낙타[230] 되겠네.
쑥대머리 감싸서 조말과 섭정[231]도 감춰주고
이목과 염파[232]의 흰 귀밑터럭도 묶어서 가려 주었네.
말총을 교묘히 짜서 비스듬히 엮은 그물이
앞은 성글고 뒤는 촘촘해 비단보다도 섬세하구나.

---

229) 현하(懸河)는 위에 걸려 떨어지는 물줄기, 즉 폭포수를 뜻하는 말이다. 진(晉)나라 곽상(郭象)이 도도(滔滔)하게 담론을 전개하자 태위(太尉) 왕연(王衍)이 "폭포수처럼 쏟아져도 마를 줄을 모른다[如懸河瀉水, 注而不竭]."고 칭찬한 이야기가 『세설신어(世說新語)』「상예(賞譽)」에 실려 있다.

230) 동으로 만든 낙타를 궁문 옆에 세웠으니, 동타(銅駝)는 궁정을 의미한다. 진(晉)나라 태수 색정(索靖)이 시사를 예견하는 안식이 있어, 천하가 어지러울 것을 미리 알고는 낙양 궁문의 동타(銅駝)를 가리키며 탄식하였다. "끝내 네가 가시 숲에 있음을 보겠구나." 그 후로 "동타극형(銅駝荊棘)"이 국가의 멸망, 또는 종족의 파멸을 지칭하게 되었다.

231) 원문의 조섭(曹聶)은 『사기(史記)』「자객열전(刺客列傳)」에 등장하는 조말(曹沫)과 섭정(聶政)이다. 조말은 비수로 제나라 환공을 위협하여 빼앗긴 땅을 되찾았다. 섭정은 자기를 알아준 엄중자의 복수를 해주기 위해 한나라 재상 겹루를 살해하고, 자신의 얼굴을 알아보지 못하게 스스로 얼굴 가죽을 벗겨내고 죽었다.

232) 원문의 목파(牧頗)는 전국시대 조(趙)나라의 명장인 이목(李牧)과 염파(廉頗)를 가리킨다.

網巾

貧士頂邊破孔多。雖賢未信舌懸河。
裹在箱籠愁蝕蠹、弊遺荊棘歎銅駝。
蓬頭遮去藏曹聶、霜鬢斂來掩牧頗。
巧織馬毛斜結網、前踈後密細於羅。

늙은 소나무

뜨락에 푸른빛이 사철 펼쳐져
바람서리 오래 겪으며 늙었어도 꿋꿋하구나.
절간 맑은 그늘에 중이 앉았고
낡은 정자 그림자 보고 학이 날아오네.
담담한 모습으로 서리 내리기 전 국화를 비웃고
높은 표상은[233] 눈 속의 매화도 하찮게 여겨,
장자방도 적송자 따라 신선 배웠으니[234]
시냇가에서 푸른 구름 돌아오길 늘 기다리네.

古松

一庭蒼翠四時開。閱世風霜老不摧。

---

233) 원문의 표(標)는 '높은 가지'라는 뜻도 있지만, 고표(高標)에는 높은 기상, 높은 지조라는 뜻도 있어서, 이 시에서는 두 가지 뜻을 다 지니고 있다. 송나라 시인 육유(陸游)가 일찍이 매화 한 가지를 얻고는 "높은 지조는 이미 온갖 꽃을 압도했는데도 오히려 봄을 좋아하는 습관이 남았을까 두려워하네[高標已壓萬花群 尙恐嬌春習氣存]."라는 시를 지어 매화를 고표(高標)의 상징으로 예찬했는데, 우남은 이 시에서 가지 높은 늙은 소나무가 눈 속의 매화도 대수롭잖게 여긴다고 표현하였다.

234) 천하가 통일되자, 한고조(漢高祖)는 공신들을 여러 곳에 제후로 봉하였다. 장량(張良)에게는 제나라 땅에 삼만 호나 되는 지방을 식읍(食邑)으로 골라 가지라고 했다. 그러나 그는 좋은 곳을 다 사양하고, "신이 폐하를 유(留) 땅에서 만났으니, 조그마한 그 땅에 봉해 주소서"라고 하였다. 한나라가 천하를 통일하고 장안으로 도읍을 옮기자, 그는 따라가지 않고 "[신선] 적송자(赤松子)를 따르겠다"며 곡식을 물리쳤다. 세상에 대해 더 이상의 욕심이 없음을 보인 것이다. 적(赤)은 적송자이고, 자방(子房)은 장량의 자이다.

蕭寺淸陰僧自在、古亭踈影鶴初來。

淡容笑殺霜前菊、高標尋常雪後梅。

從赤子房仙化跡、澗邊恒帶碧雲回。

낚시

봄빛 가득한 무릉도원[235]이 바로 저기니
복사꽃 흐르는 물이 별천지일세.[236]
초나라 삼려대부[237] 배 대었던 곳에 구름이 돌아오고
한나라 엄광의 칠리탄[238]에는 달이 어둑하구나.
물고기 새우와 함께 그 옛날 물가에서 노니[239]
갈매기 해오라기에게 중원을 꿈꾸게 말라.
창랑가[240] 한 곡 부르고 낚싯줄 걷으니

---

235) 武陵桃源. 진(晉)나라 때에 무릉(武陵)에 사는 한 어부가 시냇물에 복사꽃이 흘러오는 것을 보고 상류로 거슬러 올라가다가 바깥 세계와 떨어져 사는 마을을 발견했다. 복사꽃이 만발한 이 마을 사람들은 진시황의 폭정을 피해서 숨어 들어왔는데, 그 뒤로 세월이 얼마나 흐르고 왕조가 어떻게 바뀌었는지 아무도 몰랐다. 평화로운 마을에서 대접을 받고 돌아온 어부가 군수에게 보고한 뒤에 다시 그 마을을 찾아가려 했지만, 길을 알 수가 없었다고 한다. 이 이야기를 도연명이 듣고 「도화원기(桃花源記)」를 지은 이래, 많은 문인들의 작품 소재가 되었다.

236) 당나라 시인 이백(李白, 701~762)의 「산중답인(山中答人)」 시에, "나더러 무슨 일로 청산에 사느냐고 묻기에, 웃고 대답 않으니 마음 절로 한가롭네. 복사꽃 그림자 잠긴 물이 아득히 흘러가니, 다른 세계가 있어 인간 세상이 아니로세[問余何事棲碧山. 笑而不答心自閑. 桃花流水杳然去, 別有天地非人間.]." 한 데서 나온 말로, 선경(仙境)을 의미한다.

237) 원문의 삼려(三閭)는 삼려대부(三閭大夫)를 지낸 초(楚)나라 충신 굴원(屈原)을 가리킨다.

238) 한(漢)나라 엄광(嚴光)은 무제(武帝)와 어린 시절의 친구인데, 무제가 등극하자 부춘산(富春山) 칠리탄에 숨어 낚시질하며 세월을 보냈다.

239) 소동파의 「전적벽부(前赤壁賦)」에 "강가에서 고기 잡고 나무하며 물고기 새우와 짝하고 고라니 사슴과 벗한다[漁樵於江渚之上, 侶魚鰕而友麋鹿.]."라고 하였다.

240) 창랑(滄浪)의 물이 맑으면
내 갓끈을 씻을 테고,

버들 건너편 방초 마을에 푸른 연기 피어오르네.

釣魚

春滿武陵咫尺園。桃花流水別乾坤。
楚雲宿帆三閭還、漢月沈磯七里昏。
只與魚鰕遊舊渚、不敎鷗鷺夢中原。
滄浪一曲收絲去、芳草靑烟柳外村。

창랑의 물이 흐리면
내 발을 씻으리라.
滄浪之水淸兮, 可以濯我纓.
滄浪之水濁兮, 可以濯我足.
늙은 어부가 굴원에게 불러준 노래인데, 굴원이 지은 「어부사(漁父辭)」에 실려 있다.

아라사의 얼음궁전을 읊다

북극은 사시사철 구분이 없이 추워서
얼음으로 지은 궁궐 옛날에는 없었다네.
날듯한 용마루엔 땅에 없는 고드름이 달렸고
층층 누대(樓臺)는 하늘에 기대어 언 구름을 떠받고 있네.
옥수는 영롱하게 후원에 자라났고
요지연의 복숭아가 울타리 가에 맺혔네.
수정과 서리 속에 나날을 보내면서
수정을 들보 위에 걸고 조가비에 글을 새기네.

詠俄羅斯氷宮

極北四時冷不分。 氷成宮闕古無群。
飛甍無地懸凝雪、 疊榭依天擎凍雲。
玉樹玲瓏生院落、 瑤桃爛熳結籬根。
水精霜液經營日、 晶掛上樑貝刻文。

옥중에서 보내는 섣달 그믐

밤마다 새벽닭 울도록 이야기 길었는데
물같이 세월 지나니 옛집이 그립구나.
사람이 벌레와 함께 깊은 굴속에 살고
세월은 시냇물 따라 급하게 지나가네.[241]
납매주[242] 익었으니 어버이께 올리고 싶고
새로 지은 솜옷 보내준 아내도 보고 싶네.
손꼽아보니 올겨울도 열흘 남았네.
삼년 동안 마구간에 매여 지내는 천리마로구나.[243]

獄中歲暮

談懷夜夜抵晨鷄。 却感流光憶舊棲。
人與蟄虫深處穴、 歲從逝水急過溪。
臘梅酒熟思供老、 新絮衣來戀見妻。
屈指今冬餘十日、 三年櫪驥繫閒蹄。

---

241) 공자께서 시냇가에서 말씀하셨다. "[흘러]가는 것이 이와 같구나! 밤낮을 가리지 않는다(逝者如斯夫! 不舍晝夜.)." -『논어』「자한(子罕)」

242) 납주(臘酒)는 설에 마시기 위해 섣달에 빚는 술인데, 산초로 담기도 하고, 당매(唐梅)도 담기도 한다.

243) 역기(櫪驥)는 마구간에 매여 세월을 헛되게 보내는 천리마이다. 조조(曹操)가 지은 「보출하문행(步出夏門行)」 악부가(樂府歌)에 "늙은 천리마가 마구간에 누웠어도 뜻은 언제나 천리 밖에 있고, 열사의 나이 비록 늙었어도 장한 그 마음 변함이 없네[老驥伏櫪, 志在千里. 烈士暮年, 壯心不已.]."라고 하였다.

감옥 안의 닭

공은 있지만 죄 없는 닭이 옥중에서 우는 것은
깊은 감옥 사람들에게 밝은 세상 보여 주기 위해서일세.
조나라 조정은 한 마디에 난제를 풀었고
진관에서 위기를 벗어난 것은[244] 거짓 닭울음을 빌린 것일세.
나라의 녹으로 기르고 있으니 그 은혜 몹시 중하고
해를 피해 농장에서 멀리 떨어졌으니 책임 절로 가볍네.
갇힌 사람 다소나마 위로하려 큰 소리로 우니
온 하늘 가득 새벽빛이 동쪽 성 위로 떠오르네.

獄中鷄

有功無罪獄中鳴。只爲幽窓願見明。
趙廷醒迷諭小口、秦關脫厄假虛名。
養資宮祿恩偏重、害遠農場責自輕。
唱慰囚人多少意、一天曙色上東城。

---

244) 맹상군(孟嘗君)이 닭 울음을 흉내내는 문객의 힘으로 진(秦)나라 국경을 벗어난 고사인데, '계명구도(鷄鳴狗盜)'라는 숙어로 널리 알려졌다.

벙어리

눈이 있어도 말할 수 없어 혼자 스스로 오르니
오직 너 하나 푸른 등불만 알고 있으리.
마음이 충직하니 숯 삼키기[245]를 꺼릴 필요 없고
행동이 민첩하니 얼음 밟기[246]를 어찌 두려워하랴.
요행히 내 손으로 속마음 다 드러낼 수 있으니
남들이 혀를 잘 놀려 화 당하는 걸 보면 우스워라.
그른 것을 꾸미다간 화만 키울 뿐 흠을 갈아내기 어려우니
처세하며 앵무새처럼 말 잘한다고 자랑하지 마라.

啞

有眼無言獨自登。知裡惟爾一青燈。
心忠不必嫌呑炭、行敏何須懼履氷。
幸我手眞情摸盡、笑他舌巧禍生層。
飾非作孽難磨玷、處世休誇鸚鵡能。

---

245) 전국시대 위(魏)나라 지백(智伯)이 조양자(趙襄子)에 의해 멸망되자, 그의 부하 예양(豫讓)이 주군의 원수를 갚으려고 접근하였다. 자기 신분을 숨기려고 몸엔 옻칠을 하고, 숯불을 삼켜 벙어리가 되었다.

246) 『시경(詩經)』 소아(小雅) 「소민(小旻)」에 "전전긍긍하여 깊은 못에 임하듯, 얇은 얼음을 밟듯 한다[戰戰兢兢, 如臨深淵, 如履薄氷.]."라고 하였다. '이빙(履氷)'은 조심스러운 마음으로 매사를 신중히 처리하는 것을 말한다.

난쟁이

신장의 반은 잃었지만 형태는 다 갖추었으니
옷이 짧아 옷값 싸게 먹힌다고 스스로 좋아하네.
다리가 짧아 석 자 깊이의 물만 보아도 겁부터 나고
어깨가 낮아 소금 한 되도 지기 어렵네.
지형은 특히 험하여 모래도 우뚝 솟아 보이고
하늘은 더욱 높아 달 보면 작게 보이네.
앉으니 서나 구분이 없어 걸어도 구르는 듯해
사람을 맞닥치면 고개 쳐들고 보아야 하네.

矬人

身長失半態俱兼。衣短自憐費價廉。
脚矮怕臨三尺水、肩低難負一升鹽。
地形獨險沙山屹、天色偏高望月纖。
坐立無分行轉輾、對人要必仰頭瞻。

우연히 읊다

여관집은 한적하고 밤은 아득히 길어
베개 한번 베면 고향으로 혼이 달려가네.
안정되면 나라 건질 경륜을 생각하겠지만
위태롭다 보니 고기잡이 나무꾼 될 꿈을 꾸네.
매화 피는 사당에는 금술잔 감춰 놓았는데
밝은 달밤 어느 집에서 옥피리 부나.
지난 가을 노닐며 썼던 작은 삿갓은
먼지 덮힌 어두운 벽에 쓸쓸히 걸려 있구나.

偶吟

羈窓閑寂夜迢迢。一枕鄕魂去莫招。
安處經綸存濟恤、危餘夢想在漁樵。
梅花舊社藏金觶、明月誰家弄玉簫。
前歲秋遊餘短笠、踈燈塵壁掛蕭蕭。

번화한 밤거리에 켜진 등불

은촉 금등 바라보니 아득히 뻗어 있어
느린 노래 맑은 나팔소리가 멀리서 서로 부르네.
구경하러 나온 사람들 그림자 좇으며 움직이는데
빛 속의 온갖 형상들이 숨은 나무꾼을 부끄러워 하네.
이날 그믐에는 월궁에서 패옥을 돌려주는데
봄이 아닌데도 꽃 핀 나라엔 피리소리 울리네.
수많은 집이 밤에 유리 세계를 여니
거울 속에 다니는 신선 백발이 쓸쓸하구나.

通衢夜燈

銀燭金燈一望迢。緩歌淸吹遠相招。
群形影逐從觀物、萬像光明愧隱樵。
是晦月宮還珮玉、非春花國動笙簫。
千家夜闢琉璃界、鏡裏行仙鬢髮蕭。

부질없이 읊다

봄 그리는 마음 간절해 꿈속에서도 꽃을 찾으니
수놓은 비단 아름다운 경치에 십리가 노을일세.
붉은 꽃나무 누대에 아침 비 그치더니
푸른 버드나무 골목길에 석양이 기울었네.
밤새도록 술 파느라고 문은 늘 열려 있고
낮에는 꽃구경 가느라 집에 없었지.
깨고나니 모두가 미친 생각인 걸 알게 되어
강호에 흩어진 발자취가 모래밭 갈매기 자국일세.

浪詠

戀春心切夢遊花。錦繡風烟十里霞。
紅樹樓臺朝雨歇、綠楊門巷夕陽斜。
通宵沽酒常開戶、盡日尋芳不在家。
覺了徒知皆狂想、江湖散跡白鷗沙。

미인도

비단 병풍에 옮겨 그려 규방을 지키는 난새
사람들 보고 부끄러워 방긋 웃기도 어려워라.
낡은 거울로는 구름 같이 흐트러진 머리 보지 못하고
봄 적삼 갈아입지 못해 눈 같은 피부 차갑구나.
살아서 쉬이 늙는 뜨락의 오얏꽃을 미워하더니
죽어서 화첩의 난초 되어 시들지 않는구나.
서시의 재능이 여러 반려자를 갈라 놓았는데[247]
아쉽게도 그대 그린 얼굴이 동쪽[248] 한국에 있구나.

美人圖

錦屛移得守閨鸞。羞殺看人解笑難。
舊鏡不窺雲鬢亂、春衫未換雪膚寒。

---

247) 서시(西施)는 월(越)나라의 미인인데, 월왕(越王) 구천(句踐)이 회계(會稽)에서 오왕(吳王) 부차(夫差)에게 패배한 뒤 복수하기 위해서 재상 범려(范蠡)를 통해 서시를 부차에게 바쳤다. 부차는 서시에게 현혹되어 정사를 돌보지 않고 화려한 고소대(姑蘇臺)를 지어 황음(荒淫)에 빠져 지내다가 와신상담(臥薪嘗膽)하며 복수를 준비해 온 구천에게 패하여 나라가 완전히 멸망하였다. 범려는 서시를 데리고 오호(五湖)로 가서 배를 타고 돌아다니다가, 제(齊)나라에 들어가서 치이자피(鴟夷子皮)로 성명(姓名)을 바꾸고 수만금을 모아 거부(巨富)가 되었다. 『사기(史記)』 권41 「월왕 구천세가(越王句踐世家)」와 권129 「화식열전(貨殖列傳)」에 이 이야기들이 실려 있다.

248) 동한(東韓)은 우리나라라는 뜻이지만, 서시(西施)가 고향을 떠나 동쪽 나라에 와 있다는 뜻이기도 하다.

生憎易老園中李、死化無凋帖上蘭。

西子材間多伴侶、惜君畵面在東韓。

느낌이 있어서

겨우 등불 하나 얻어 좋은 벗으로 삼았건만
아침 꽃 저녁 달도 심드렁하구나.
법의 그물이 미치지 못해 사람 중엔 범려[249]가 많으니
형법이 시행되기 어려운 건 세상에 상앙[250]이 적어서라네.
나라를 걱정함에 견마의 수고로움 없지 않지만
백성에게 은혜 베풀며 소를 양으로 바꿀[251] 필요야 있나.
젊은 나이에 옥에 갇혔으나 몸은 오히려 건장하니
고생을 스스로 달게 여김은 두루 겪어보려는 것일세.

有懷

僅得孤燈作友良。朝花夕月只尋常。
網羅空逮人多范、刑典難施世乏商。

---

249) 범려(范蠡)가 월왕(越王) 구천(句踐)을 도와 오(吳)나라를 멸망시킨 뒤, 강호에 숨어 성명을 치이자피(鴟夷子皮)라 고치고 부자가 되었다.

250) 상앙(商鞅)의 원명은 공손앙(公孫鞅)인데, 전국시대 위(衛)나라 형명가(刑名家)이다. 변법(變法)을 제정해 정전제(井田制)를 폐지하고 세법을 개정했다. 두보(杜甫)의 시 「술고(述古) 2」에 "진 효공(秦孝公)이 법 제정을 상앙에게 일임하자, 법령이 쇠털처럼 세밀하게 되었네[秦時任商鞅 法令如牛毛]."라는 표현이 보인다.

251) 제나라 선왕이 제사에 쓰려고 끌려가는 소가 벌벌 떠는 것을 보고 불쌍하게 여겨, 소를 죽이지 말고 양으로 바꿔 죽이라고 명하였다. 그러나 결국은 양이 죽었으니, 소는 눈앞에서 보았기 때문에 불쌍했고, 양은 눈앞에서 보지 못했기 때문에 불쌍한 줄 몰랐던 것이다. 『맹자』에 나오는 이야기이다.

憂國非無勞犬馬、惠民何必擇牛羊。

壯年囹圄身猶健、辛苦自甘欲備嘗。

갑작스런 추위

지난 밤 북풍에 가지마다 눈이 가득해
섣달 다하도록 여전히 춥구나.
겹이불도 엷어서 새로 병이 나고
외로이 누웠노라니 잠이 안 와서 시만 얻었네.
낡은 버선 아무 짝에도 쓸 모 없다고 말하지 마소
떨어진 갖옷조차 그립다는 말 비로소 실감나네.
매화야! 너는 무슨 일로 시름하느냐.
한강의 봄빛이 너무나 더디다오.

猝寒

昨夜北風雪滿枝。寒生歲暮臘殘時。
重衾力薄新添病、孤枕夢輕剩得詩。
休言舊襪終無用、始信弊裘更有思。
梅花問爾愁何事、漢水春光上面遲。

어버이를 위로하며

두어 장 편지 속에 붓이 두 자루
편지를 받자마자 은혜에 눈물이 앞섭니다.
성정(性情) 함양하라는 가르침 어기고 바칠 술도 없으니
장수하시길 비는 정성으로 시를 지어 올립니다.
옥에 갇혔어도 죄 가벼운 줄 하늘이 아십니다.
임금 섬기는 의리 중하니 효도를 다하기 어렵습니다.
올해는 색동옷 입고[252] 모시지 못하지만
봄소식 머지않으니 다행입니다.

慰親

數幅牋中筆二枝。感恩有淚奉書時。
養情違訓供無酒、獻壽乏誠頌以詩。
繫獄罪輕天有鑑、報君義重孝難思。
今年縱未班衣侍、惟幸陽春在不遲。

---

252) 『초학기(初學記)』 권17 「효자열전(孝子列傳)」에 “노래자(老萊子)가 나이 70이 되어서도 부모를 즐겁게 해 드리기 위해 항상 어린아이처럼 색동옷을 입고 새 새끼를 가지고 놀면서 재롱을 떨었다.”라고 하였다. 원문의 반(班)자는 반(斑)자와 통한다.

벗을 그리워하며

내게 농두매(隴頭梅)[253]를 부쳐줄 사람 없으나
벗을 원망할 때보다 그리워 할 때가 많네.
만국 누대가 문 밖 세상에 있건만
삼년 풍월을 옥중에서 시만 짓네.
태항산 떠가는 구름[254]에 덧없는 눈물
양원의 차가운 눈은[255] 누구를 생각하나.
섣달 한 해가 다 가도 생각은 그치지 않아
새 시름만 더해져 새벽까지 잠 못 이루네.

思友

無人寄我隴梅枝。憶友較多怨友時。
萬國樓臺門外世、三年風月獄中詩。

---

253) 고개 위에 활짝 피어 있는 매화꽃. 당나라 송지문(宋之問)의 「제대유령북역시(題大庾嶺北驛詩)」의 "내일 아침 고향을 바라보는 곳, 활짝 핀 고개 위 매화를 응당 보리라[明朝望鄕處, 應見隴頭梅]."에서 나온 표현으로 고향을 그리워 할 때 쓰는 말이다.

254) [당나라] 적인걸이 병주 법조참군(法曹參軍)으로 있을 때에 어버이는 하양(河陽)에 떨어져 있었는데, 적인걸이 태항산(太行山)에 올라가 한 덩이 흰 구름이 흘러가는 것을 보고 주변 사람들에게 말하기를, "나의 어버이께서 저 구름 아래에 살고 계신다[吾親所居 在此雲下].' 하고는, 오래도록 바라보고 있다가 구름이 멀리 흘러간 뒤에 그 자리를 떴다. -『신당서』 권115 「적인걸열전(狄仁傑列傳)」

255) 양나라 효왕(孝王)이 양원(梁園, 兎園)에 노닐면서 술을 마련하고 친구들을 불러 매승(枚乘)과 사마상여(司馬相如) 등이 참여하였는데, 이윽고 눈이 내리자 사마상여가 붓을 쥐고 「백설부(白雪賦)」를 지었다.

太行歸雲空自淚、梁園寒雪更誰思。

心緒不隨殘臘盡、新愁添得曉眠遲。

눈을 쓸며

쓸고 나니 밝던 뜨락이 반으로 줄어들어
만 섬이나 되는 은빛 조각들이 울퉁불퉁 쌓였네.
삼태기를 기울이면 쌓인 백옥이 무거운데
빗자루 끝에 흩어지자 지는 꽃처럼 가볍구나.
섬돌 둘레에 황공석이 다투어 드러나고[256)]
길옆에는 층층이 백제성이 생겨나네.[257)]
동자가 양지 쪽에 먼저 길을 열고나니
새싹이 이른 봄인 줄 잘못 알까 걱정일세.

掃雪

掃來却減半庭明。萬斛片銀積不平。
簣底傾移堆玉重、箒端翻散落花輕。
繞階爭出黃公石、挾路層生白帝城。
童子先開陽向地、萌芽恐誤早春情。

---

256) 황공은 황석공(黃石公)이라고도 하는데, 유방(劉邦)을 도와 한나라를 창건한 장량(張良, 장자방)의 스승이다. 그가 장량에게 "제북(濟北)에 오면 곡성산(谷城山) 아래에서 누런 돌[黃石]을 발견할 텐데, 그게 바로 나다"라고 말했다. 나중에 장량이 그 돌을 찾아서 도인(道人)의 현신으로 모시고 제사지냈다. 이 시에서는 눈을 쓸어내자 눈에 덮혔던 누런 돌들이 드러났다는 뜻이다.

257) 백제성은 『삼국지연의』에서 유비(劉備)가 오나라와 전쟁하다가 패하여 죽음을 맞은 곳인데, 이 시에서는 높게 쓸어 모은 흰 눈을 가리킨다.

경무사[258]가 여러 죄수들에게 음식을 나눠준 것을 감사하며

죄 지은 사람이지만 덕화 속에 노니니
임금께서 내려주신 은혜가 분에 넘치네.
특사에 나만 빠졌다고 원망 말아야지
주릴 때에 같이 은혜 입으니 더욱 고마워라.
하늘은 나쁜 풀이라도 단비를 같이 내리시니
땅에 이름난 꽃 있다고 가을이 서리를 봐주랴.
몇 해 동안 말랐던 창자를 임금님 덕에 실컷 불렸으니
그 덕을 칭송하고 기리는 소리 거둬들이기 어렵네.

感警使頒餉諸囚

罪中人在化中遊。君恤官頒溢所求。
赦後休言偏見漏、飢餘還感共霑流。
天無惡草同恩雨、地有名花奈義秋。
經歲枯腸因飽德、頌聲令譽散難收。

258) 警使. 대한제국 시대에 감옥 업무를 관장하던 경무청의 장관직인데, 1894년 7월에 설치하고 1900년 6월에 폐지하였다. 그러나 1902년 2월 경부(警部)가 폐지되면서, 경무청과 함께 경무사도 복설되었다. 복설된 경무청은 이전과 달리 전국의 경찰 · 감옥 사무와 궁의 경비업무를 관장하게 되었으므로, 당연히 경무사는 전국 경찰권을 장악하게 되었고, 뿐만 아니라 그 지위도 격상되었다. 우남(雩南)에게 호의를 베풀어 준 감옥서장은 김영선(金英善)이고, 경무사는 사상룡(徐相龍)이다.

설날 아침

붉은 해가 높이 떠올라[259] 집집마다 봄빛이니
폭죽과 꽃 파는 소리에 시장이 시끄럽구나.
오랜 풍상의 쓰라린 기억은 꿈에 붙이고
한마음 매화와 버들에도 생기가 도네.
어버이께서 산과 바다같이 오래 사시길,
임금께서도 성군 이으시길 속으로 비네.
세뱃군과 노는 아이들이 인간 세상의 즐거움이라
도소주[260]에 떡국으로 새해를 기쁘게 맞네.

元朝

三竿紅日萬家春。爆竹買花鬧市塵。
百怯風霜都屬夢、一心梅柳欲生眞。
思親遙頌如山海、憂國暗禱繼聖神。
賀客遊兒人世樂、屠蘇糕餅喜迎新。

---

259) 삼간일(三竿日)은 대나무 장대 세 개를 이은 높이만큼 떠오른 해. 늦은 아침을 가리킨다.

260) 도소주는 설날에 마시는 약주 가운데 하나인데, 초백주(椒柏酒)와 함께 세주(歲酒)로 쓰인다. 설날에 이 술을 마시면 괴질과 사기(邪氣)를 물리치며, 장수한다고 믿었다. '도소'라는 약제는 길경(桔梗), 육계(肉桂), 방풍(防風), 산초(山椒), 백출(白朮) 등을 넣어서 만드는데, 이 약제를 술에 담가 만든 술이 도소주이다.

경무사와 법부대신이 여러 죄수들에게 음식을 내리기에 감사하다

공은 없고 죄만 있으니 남다른 은혜 부끄러운데
갇힌 몸에게 비와 이슬 많이 내리셨네.
요순임금[261] 시절에는 땅에 금만 그어 가둬도[262] 부끄러웠고
이윤과 부열[263] 같은 신하가 임금님 뜻을 이루네.
집집마다 감화되어 그늘진 벼랑에 햇빛 비치고
봄날의 햇빛이 병자의 침상을 따뜻하게 하네.
함께 배불리고 나자 고마운 눈물이 먼저 흘러
단봉문[264]에 절 못 드리는 게 한스럽구나.

感警使法大頒餽衆囚

無功有罪愧殊恩。囹圄偏多雨露痕。
民苟唐虞慚地劃、臣如伊傅軆天言。
家家化日陰崖照、粒粒陽春病枕溫。
同飽欣情先感淚、微誠恨不拜丹門。

---

261) 唐虞. 당(唐)은 요(堯)임금의 국호이고, 우(虞)는 순(舜)임금의 국호이다.

262) 요순시대에는 땅에다 줄을 그어 죄인을 가둬 두었다고 한다.

263) 伊傅. 은(殷)나라의 건국을 도운 두 현신 이윤(伊尹)과 부열(傅說)을 가리킨다.

264) 단봉(丹鳳)은 단봉성(丹鳳城)의 준말로, 황제의 궁성을 가리킨다. 진나라 목공(穆公)의 딸인 농옥(弄玉)이 피리를 불면 진나라 서울인 함양(咸陽)에 단봉이 내려왔다는 전설과, 한나라 무제(武帝)가 세운 봉궐(鳳闕) 위에 구리로 만든 봉황이 있었다는 고사에서 유래한 것이다. 조선에도 창덕궁(昌德宮)의 돈화문(敦化門) 왼쪽에 단봉문(丹鳳門)이 있었다.

거문고

음(音)에 어두우면 천지의 뜻을 받아들이기 어려워
아양곡[265]이나 연주해야 속인들 귀를 기울이네.
백성을 알아준 남전에는 봉황이 날아오고[266]
제갈량은 서성에 앉아 거문고 타며 적을 물리쳤네.[267]
도가 쇠해지니 기생의 노래만 부질없이 이어지고
성인이 멀어지니 유생의 곡조도 벌써 끝이 났구나.
초미금[268]은 그래도 남아 그 줄 끊어지지 않았으니
인간세상 남아서 백아 만나기를 기다리겠노라.

---

265) 백아(伯牙)는 거문고를 잘 타고, [그의 친구] 종자기(鍾子期)는 잘 들었다. 백아가 거문고를 타면서 높은 산에 올라가는 뜻이 있으면 [그의 친구] 종자기(鍾子期)가 듣고서, "잘 타는구나! 태산같이 높구나[善哉! 峩峩兮若泰山] 하였다. 또 흐르는 물에 뜻이 있으면 종자기가 듣고서, "좋구나! 강하(江河)처럼 넘실대는구나[善哉! 洋洋兮若江河]."라고 하였다. 백아가 생각한 것을 종자기가 반드시 알아맞혔다. -『열자』「탕문편(湯問篇)」

266) 이 시구는 순(舜)임금의 음악적 교화를 인유한 것이다. 순임금이 지었다는 악곡에 「남풍가(南風歌)」가 있는데, "남풍의 훈훈함이여 우리 백성의 답답함을 풀어줄 수 있고, 남풍의 계절됨이여 우리 백성의 재물을 모을 수 있구나[南風之薰兮, 可以解吾民之慍兮, 南風之時兮, 可以阜吾民之財兮.]." 하였다. 또 순임금의 음악이 '소(韶)'인데. 그 음악의 설명에 "소소의 음악이 다 이루어지니, 봉황이 와서 거동하도다[韶簫九成鳳凰來儀]."라고 하였다.

267) 사마의(司馬懿)의 15만 대군이 곧장 서성(西城)으로 육박해 왔을 때, 제갈량에게는 적을 막을 병력이 없었다. 제갈량이 거꾸로 성문을 활짝 열어 놓고는 성루(城樓)에 앉아 한가히 거문고를 타니, 사마의가 매복한 군대가 있으리라고 의심하고서 퇴각했다는 이야기가 『삼국지연의(三國志演義)』 제95회에 나온다.

268) 오동나무를 태우면 불타는 소리가 맑아 이 오동을 거문고 재료로 이용한다. 불타다 남은 오동으로 만든 거문고를 '초미금(焦尾琴)'이라 하니, 타다 남아 끝이 불탄 흔적이 있다 하여 얻은 이름이다.

琴

聾音天地意難容。肯抱峨洋俗耳從。
解民南殿來儀鳳、退敵西城坐臥龍。
道衰妓樂詞空續、聖遠儒門曲已終。
焦尾猶餘絃未斷、人間留待伯牙逢。

엷은 옷 입은 죄수를 가엽게 여기다

한 해 밖에 못 입는 옷을 감옥에서 나눠 주니
홑저고리에 바람이 스며들어 품 넓은 게 싫구나.
이곳 백성들은 평생 녹봉 없는 신세를 면치 못하니
군자들이여! 죽어도 관은 써야 한다고 말하지 마소[269].
하늘이 이런 사정 안다면 일년 내내 따뜻할텐데
눈이 왜 잔인하게 내려 봄을 춥게 만드나.
밤새도록 우우! 떠는 신음 소리 귀에 따갑건만
비단 휘장에 몇 사람은 편안히 자겠지.

憐薄衣囚

不再經年尙賴官。單衫風透却嫌寬。
斯民難免生無祿、君子休言死亦冠。
天若知情終歲煖、雪何爲忍復春寒。
通宵嗷嗷爭侵耳、錦帳幾人稱睡安。

---

269) 이승만은 배재학당에 입학하면서 이미 상투를 잘랐다.

가난을 즐겁게 여기다[270)]

동쪽 성 아래 두어 이랑 자갈밭 있어
꽃 심어 놓고 봄바람 불어오기를 기다리네.
재 넘어 흰 구름을 벗에게 보내주면
학이 혼자서 동자 대신 손님을 맞이하겠지.
밭 갈아 먹으니 입에 달아서 임금님 은혜도 잊어[271)]
어부에게 부끄러우니 앉아서 받아먹지는 않으리라.
좌우에 거문고와 책 놓고 즐거워하니
정승 자리를 준다고 이 자연과 바꾸랴.[272)]

安貧

數畝石田負郭東。種花留待自春風。
白雲在嶺堪貽友、孤鶴應門可替童。

---

270) 安貧. 공자가 자신의 안빈낙도(安貧樂道)하는 삶을 단적으로 표현한 말이다. 나물 밥에 물 마시고 팔을 베고 눕더라도 즐거움이 또한 그 속에 있으니, 떳떳하지 못한 부귀는 나에게 뜬구름과 같다[飯疏食飮水, 曲肱而枕之, 樂亦在其中矣, 不義而富且貴, 於我如浮雲.]. -『논어(論語)』「술이(述而)」

271) 요(堯) 임금 때 90세의 노인이 땅을 두드리며 노래하기를 "해가 뜨면 나가서 일하고 해가 지면 들어와 쉰다. 우물을 파서 물 마시고 밭 갈아서 곡식을 먹으니, 요임금의 공력이 내게 무슨 상관이랴[日出而作, 日入而息, 鑿井而飮, 耕田而食, 堯何等力]."라고 하였다. 『논형(論衡)』 권8「예증(藝增)」

272) 송나라 대복고(戴復古)가 후한(後漢)의 은사(隱士) 엄광(嚴光)의 고사를 소재로 읊은 시「조대(釣臺)」에서 "어떤 일에도 욕심 없이 오직 하나의 낚싯대뿐, 삼공의 자리도 이 강산과는 바꾸지 않으리라[萬事無心一釣竿. 三公不換此江山.]."라고 하였다.

耕食猶甘忘帝力、坐收不取愧漁功。

琴書左右其中樂、肯把林泉要換公。

화로

불기운을 축적하여 평생토록 한 겨울과 맞서느라
옥 같은 모습 그 풍성함이 줄어들까 두려웠네.
따뜻한 봄엔 나를 대하는 정이 어찌 그리 야박한가
섣달그믐까지 그대 위해 게으르지 아니했는데.
향기로 걱정을 태워 뱃속엔 재만 가득하니
온 몸이 몽땅 불이어서 눈은 흔적조차 사라지네.
얼음 바닥에서는 매소골[273]을 만들고
훈훈하고 향기로운 방에는 수놓은 비단으로 문을 막았네.

爐

蓄氣平生敵大冬。恐敎玉貌減丰茸。
煖春待我情何薄、窮臘爲君性不慵。
滿腹皆灰香燒慮、全身都火雪消蹤。
氷床有賴梅蘇骨、一室薰芬繡戶封。

273) 梅蘇骨. 원문의 매소(梅蘇)는 매실을 주 원료로 한 고급 식료품으로 매소골(梅蘇骨)은 매실 열매의 살을 다른 식재료와 섞어서 만든 식품을 뜻한다.

고향을 그리는 꿈

지팡이에 나막신 고생하지 않고 봄 강을 건너
집에 돌아가 겨울 매화 찾아 창가로 갔네.
벗 생각에 술잔 대하며 한 친구 적음[274]을 한탄하고
수척한 아내는 외론 잠자리에서 눈물만 줄줄 흘리네.
잠깐 만났다 이별하자니 정은 눈 속에 남고
말을 하려다 깨어나니 한만 가슴에 가득해,
어찌 가벼운 혼이 구정(九鼎)[275]처럼 무거울 수 있을까
고향 동산에 들어서자마자 무거워서 짊어지고 섰을 수 없었네.

思鄕夢

不勞笻屐渡春江。歸訪寒梅到綺窓。
思友對樽歎少一、瘦妻孤枕淚垂雙。
乍逢旋別情留目、欲語還醒恨滿腔。
焉得輕魂如九鼎、鄕園纔入重難扛。

---

274) 객지에 나간 친구가 지금 이 자리에 없음을 가리키는데, 이 시에서는 이승만 자신이다.

275) 하우씨(夏禹氏)가 홍수를 다스린 뒤에 구주(九州)의 쇠붙이를 모아 주조(鑄造)했다는 커다란 솥을 말하는데, 하(夏)·은(殷)·주(周) 시대를 전해 내려오면서 천하를 차지한 제왕 혹은 왕조의 정통성을 상징하는 보배로 여겨 왔다. -『사기(史記)』 권12 「효무본기(孝武本紀)」

술이 그리워

지팡이에 남은 돈[276)]으로 세월을 보냈는데
장차 무슨 물건을 사서 내 슬픔 위로해 볼까?
샘물 마셔서 갈증 달래면 늘 하는 근심은 없어지겠지만
술 바다에 들어가 맘껏 취하려면 겁내지 말아야 하네.
처벌은 금곡의[277)] 벌주 석 잔으로 하고
공적의 기록은 현산의 비석으로[278)] 시험해보세.
평생토록 술을 훔쳐 마신들 참으로 괴이함 없겠지만
아무리 생각해도 인정은 시속 따라 바뀌어가는구나.

憶酒

舊杖餘錢閱歲支。 賒將何物慰吾悲。
吸泉止渴恒愁淡、 入海求酣不怕危。
處罰願當金谷觶、 記功試見峴山碑。
畢生竊飮眞無恠、 思切人情與俗移。

---

276) [완수가] 항상 걸어 다니면서 100전을 지팡이 머리에 걸어 두었다가, 술집에 이르면 혼자 즐겨 마셨다. -『진서(晉書)』「완수전(阮脩傳)」
장두(杖頭), 장두자(杖頭資), 장두전(杖頭錢)이 모두 술값이라는 뜻이다.

277) 진(晉)나라의 큰 부자였던 석숭(石崇)이 금곡원(金谷園)에 손님을 모아놓고 술을 마시면서 시를 짓게 하였다. 시를 짓지 못하면 벌주 삼배를 마시게 했다는 금곡주수(金谷酒數)의 고사가 유명하다.

278) 진(晉)나라 양호(羊祜)가 형주도독(荊州都督)으로 양양(襄陽)에 주둔했다가 죽으니, 그 부속(部屬)들이 양호가 노닐던 현산(峴山)에 비석을 세우고, 해마다 제사하였다. 보는 이들이 감격하여 눈물을 흘리어 타루비(墮淚碑)라는 이름을 얻게 되었다.

추위 끝에 병을 얻다

병을 무릅쓰고 억지로 시 읊는 게 멋 아닌 줄 깨닫고
무료하게 베게머리만 서로 의지한다네.
얼굴에 홍조가 절로 오르면 술에 취한 듯하고
등에 식은 땀 나면 옷이 젖어 서늘해지네.
갇힌 나그네라 가난하여 써 볼 약도 적고
고향친구 생각 간절해도 편지 보기 드물어라.
야박한 인심에 밤눈까지 내려 매화 더욱 야위었으니
따뜻한 봄날 빨리 돌아오기만 바랄 뿐일세.

寒餘得病

扶病强唫覺趣微。無聊只與枕相依。
面潮自上薰成酒、背汗虛生冷濕衣。
囚客資貧供藥少、鄉朋思切見書稀。
薄情夜雪添梅瘦、惟願陽春早早歸。

병들어 죽은 죄수를 가여워하다

은혜의 물결이 말라죽은 물고기에게 미치지 못했으니
감옥살이보다 땅속에 눕는 게 더 나았겠네.
죽어 황천에 가면 벗님들 만나기 쉽지만
살았대야 지옥 같아 친척 보기도 드물었지.
죽은 뒤에도 옛 이름은 법안에 남아 있고
수중의 유물이래야 집에서 부쳐온 편지뿐일세.
올해 나라에 경사 있어 특사도 많았건만
아! 그대는 죄가 남아 끝까지 갇혔었구나.

憐靑衣病斃

恩波獨不及枯魚。歸臥也安勝獄居。
死必泉臺逢友易、生猶冥府見親疎。
身後舊名留法案、手中遺物有家書。
邦慶今年多赦典、嗟君終錮罪還餘。

나룻배 사공

그대의 뜻은 생각지 못한 재난에 대비하는 것이니
불가의 자항(慈航)[279]과 그 도가 서로 부합하네.
푸른 물결에 길을 내주는 한가로운 직업이지만
일엽편주로 사람을 건네는 원대한 뜻도 있네.
태을성[280]을 벗 삼아 세월을 보내니
황제 헌원[281]이 세상사람 염려하여 만들어낸 제도일세.
나루터에 손님 떨어지면 어둠 타고 돌아가니
십 리 맑은 강에 일엽편주만 외롭구나.

---

279) 대자대비(大慈大悲)로 중생을 제도함이 마치 고해(苦海)를 건너는 항해와 같으므로 자항(慈航)이라 하였다.

280) 태을(太乙)은 태일진군(太一眞君)이라고도 하는 신으로, 태을성(太乙星)에 살며, 천신(天神) 가운데에서 가장 존귀한 신이다. 태을성은 하늘 북쪽에 있는 별로, 병란과 재앙과 생사(生死) 따위를 맡아서 다스린다고 한다.

281) 황제(黃帝)는 소전(少典)의 자손으로 성은 공손(公孫), 이름은 헌원(軒轅)이라 불렀다. [중략] 천하에 따르지 않는 자가 있으면 황제가 나서서 정벌하였는데, 평정하면 바로 떠났다. 산을 개척하여 길을 내느라 편히 쉬어본 적이 없었다. [중략] 때에 맞추어 온갖 곡식과 풀, 그리고 나무를 심고, 새와 짐승 그리고 곤충류까지 길들였다. 해와 달과 별을 살피고, 물과 흙, 돌, 쇠와 옥을 이용하였다. 『사기(史記)』 권1 「오제본기(五帝本紀)」

옛날 황제(黃帝)가 배와 수레를 만들어 통하지 못하는 곳을 다니게 하였고, 천하를 두루 다니면서 사방 만 리로 기준을 정하여 들판을 그어 주(州)를 나누니 백 리의 나라가 1만 구(區)였다[昔在黃帝, 作舟車, 以濟不通, 旁行天下, 方制萬里, 畫壄分州, 得百里之國萬區.]. -『전한서(前漢書)』 권28 「지리지(地理志)」

業渡

意在急難備不虞。釋家慈航道相符。
蒼波得路成開業、片葉濟人有遠圖。
太乙爲儔浮歲月、軒轅慮世作規模。
渡頭客盡乘昏去、十里淸江一葉孤。

병원에 있던 죄수 일곱 명이 벽을 뚫고 달아나다

담이 산같이 높다고 믿지 마소
마음만 뭉치면 아홉 길도 낮게 보인다네.
새옹(塞翁)은 말 잃고도 탄식하지 않고[282)]
관중(關中)에선 빈객이 닭 울려[283)] 맹상군이 기뻐했네.
만 골짜기에 감춰진 토끼굴을 찾으려 말고
천 숲에 깃들어 자는 새를 찾으려 말라.
소 잃고 외양간 고치다니 때가 늦어 우습구나

---

282) 새옹지마(塞翁之馬)라는 말로 널리 알려진 이야기인데, 화(禍)가 복이 되기도 하고, 복이 화가 되기도 한다는 뜻이다. 화복(禍福)의 변화는 예측할 수 없다. 변방 가까이 사는 사람 가운데 복술(卜術)에 능한 자가 있었다. 그런데 그의 말이 까닭도 없이 달아나서 오랑캐 땅으로 들어갔다. 그래서 사람들이 모두 와서 위로하자, 그 늙은이가 말했다. "이것이 어찌 복이 되지 않겠소." 그 뒤 몇 달이 지나자 그 말이 오랑캐 땅의 준마를 데리고 돌아왔다. 그래서 모든 사람들이 찾아가 축하하자, 그 늙은이가 말했다. "이것이 어찌 화가 되지 않겠소." 그의 집에는 좋은 말이 많아서 그의 아들이 말 타기를 좋아했는데, 말을 타다가 떨어져서 넓적다리가 부러졌다. 그래서 사람들이 모두 찾아와 위로하자, 그 늙은이가 말했다. "이것이 어찌 복이 되지 않겠소." 그 뒤 1년 만에 오랑캐가 대대적으로 변방에 쳐들어왔다. 그래서 장정들은 활줄을 당겨 싸웠다. 변방 근처 사람 가운데 죽은 자가 십 분의 구나 되었는데, 이 아들만은 절름발이인 까닭에 [군대에 나가지 않아] 부자가 서로 몸을 지켰다. 그러므로 복이 화가 되고 화가 복이 되는데 그 변화가 이를 데 없고 그 깊이를 측량할 수가 없다. -『회남자(淮南子)』「인간훈(人間訓)」

283) 전국시대 제(齊)나라 맹상군(孟嘗君)이 진(秦)나라에서 함정에 빠졌다가 풀려난 뒤 곧바로 탈출하여 관문인 함곡관(函谷關)에 도착하였으나 마침 한밤중이어서 관문이 열리지 않았다. 이때 소왕이 맹상군을 풀어 준 것을 뉘우치고 추격대를 보내 일이 위태롭게 되었는데, 마침 데리고 간 식객(食客) 중에 닭소리를 잘 내는 자가 있어 닭 우는 소리를 내자 인근의 닭들이 모두 울어 문지기가 새벽인 줄 알고 관문을 열어 주어 무사히 함곡관을 빠져나올 수 있었다. -『사기(史記)』 권75「맹상군열전(孟嘗君列傳)」

달아난 양들[284]은 이미 동서로 다 흩어졌네.

病院罪囚穿壁逃脫者七人

墻高難恃與山齊。心合還看九仞低。
塞上休歎翁失馬、關中猶喜客鳴鷄。
無尋萬壑藏兎窟、不辨千林宿鳥棲。
可笑補牢時太晩、亡羊已盡散東西。

284) 신이 속담을 들으니 "토끼를 보고 나서 사냥개를 돌아보는 것도 늦은 것은 아니고, 양을 잃고 나서 우리를 고치는 것도 늦은 것은 아니다"라고 했습니다[臣聞鄙語曰, 見兎而顧犬, 未爲晩也, 亡羊而補牢, 未爲遲也.]. -『전국책(戰國策)』「초책(楚策) 4」

정백남[285]의 시에 화운하다

난정(蘭亭)[286] 우서(右署)[287]의 명성을 익히 들었는데
그는 오랜 친구보다 처음 만나는 친구를 더 반겼다네.
인생이란 밤길을 가는 것처럼 모두가 초매(草昧)이지만
세상은 새벽에 일어나 날이 막 밝아 오는 것 같네.
소년 시절엔 화려한 도회에서 노닐 틈 없었지만
객지 생활 오래다 보니 서울을 좋아할 인연 없었네.
물어보세. 고향에 매화꽃이 얼마나 피었는지
객사에는 추위 물러갔지만 들판에는 아직 눈이 남았네.

---

285) 정백남(鄭白南)은 문헌에 보이지 않는 인물인데, 국사편찬위원회에서 간행한 『속청음사(續陰晴史) 하』(한국사료총서 제11집)에 "鄭白南(雲復) 편자주"라는 이름이 여러 번 보인다. 정운복(鄭雲復, 1870~1920)은 1895년 오사카 상업학교에서 수학하고 1897년 영국으로 유학을 떠났던 지식인인데, 1899년에 귀국하여 친일개화파로 활동하다가 흑산도로 3년 유배되었으며, 1904년에 사면 받았다. 유배 직전 재판을 받는 과정에 한성 감옥에서 우남을 만났을 가능성이 있지만, 이 인물인지는 확실치 않다. 젊은 시절에 객지생활을 오래 했다는 내용을 보면, 그일 가능성도 있다. 정운복은 이후 서북학회를 조직하고, 「제국신문」 주필로 활동하였다.

286) 동진(東晉) 목제(穆帝) 영화(永和) 9년(353) 3월 3일에, 왕희지(王羲之, 307~365)와 사안(謝安) 등 42인의 명사(名士)들이 산음(山陰) 난정(蘭亭)에 모여 곡수(曲水)에서 수계(修禊)를 하고 술을 마시며 시를 지었다. 이때 지은 글을 모아서 왕희지가 서문을 짓고 잠견지(蠶繭紙)에 서수필(鼠鬚筆)로 쓴 『난정첩(蘭亭帖)』이 유명하며, 이 시에서 난정은 왕희지를 가리킨다.

287) 왕희지가 우장군(右將軍) 벼슬을 하여 흔히 왕우군(王右軍)으로 불렸는데, 우남(雩南)이 혼동하여 쓴 듯하다.

和鄭白南韻

蘭亭右署飽名聲。新面猶欣勝舊情。
人似夜行皆草昧、世如晨起僅黎明。
少年不暇遊金市、久客非緣樂錦城。
借問鄉梅花幾朶、羈窓寒盡雪殘坪。

또 정백남의 시에 차운하다

붉은 죄수복[288]을 비단옷으로 바꿔 입지 않고
책을 끼고 즐기느라 오래 돌아가기를 잊었네.
나그네 혼은 세월 지나면서 구름과 함께 늘어졌는데
병든 몸은 봄물을 만나 함께 살이 오르네.
내 고생이 취미 같다고 가여워하니
그대는 하찮아 보여도 절로 빛이 나 우스워라.
버들 찾고 꽃 찾으니 그 옛날 꿈이 남아 있어
삼년간 감옥살이에 꽃향기를 보내주었네.

又次鄭白南韻

不把赭衣換錦衣。筴書爲娛久忘歸。
旅魂經歲雲俱倦、病骨逢春水共肥。
憐我辛酸猶趣味、笑他微細自光輝。
問柳尋花餘舊夢、三年牢獄送芳菲。

288) 고대의 죄수옷을 황토로 물들여 만들었기 때문에, 후세에도 수의(囚衣)를 자의(赭衣)라고 하였다. 또는 죄수를 가리키기도 한다.

시름겨워

얻고 잃는 게 들쭉날쭉 뜻대로 되지 않아
저 물결과 더불어 절로 오르내리네.
아침 창가에 기쁨 있을까 까치소리에 놀라고
새벽 잠자리에 잠이 없어 닭소리 세며 누웠네.
만사가 물과 구름 같아 사람들 쉽게 헤어지지만
백 년 동안 바람과 달은 나그네 거처 되었네.
내 처세가 언제나 어린아이289)처럼 되어서
옛 친구290) 그 정 따라 웃다 울다 하고 싶네.

愁

得失參差意不齊。與他飜浪自高低。
朝窓有喜驚聞鵲、曉枕無眠臥數鷄。
萬事水雲人易別、百年風月客爲棲。
願吾處世恒髫髮、葱竹隨情任笑啼。

---

289) 髫髮. 어린이의 늘어뜨린 머리인데, 소년을 가리킨다.

290) 葱竹. 아이들이 말을 타듯 두 다리 사이에 걸터타고 끌고 다니던 대막대기를 죽마(竹馬)라고 한다. 여기에서 죽마고우(竹馬故友)라는 말이 생겨났다. 총(葱)은 파이니, 파로 피리를 만들어 함께 불던 친구를 가리킨다.

이백허와 함께 정백남에게 지어주다

동짓날[291] 한밤중에 땅 움직이는 소리 우레 같고[292]
잠자던 생물들 일어나려니 모든 개천에 물 흐르네.
강마을에는 눈 녹아 배를 새로 만들고
산속 주막에선 매화꽃 보며 옛 술잔을 손질하네.
늙은 나무에 움이 터 활기를 띠고
즐거운 봄이 온다고 새들도 우네.
동군[293]이 인간의 한을 안다면
따뜻한 바람을 외진 곳부터 빨리 보내 주겠지.

與李白虛共贈鄭白南

子夜陽生動地雷。羣生欲起百川開。
江村經雪治新舫、山居看梅理舊杯。

---

291) 10월에는 음기가 성해 극에 달했다가, 동지가 되면 양(陽)이 땅속에서 다시 생긴다. -『역(易)』

292) 동지에 일양(一陽)이 생겨난다. 동짓달은 순음(純陰)인 곤괘(坤卦)에서 양효(陽爻) 하나가 맨 아래에 다시 생긴 지뢰(地雷) 복괘(復卦)에 해당하는데, 이는 땅 아래에서 우레가 일어나는 형상으로 만물이 태동하기 시작하는 것을 의미한다. 『주역』「복괘(復卦)」 상사(象辭)에 "우레가 땅 속에 있는 것이 복이니, 선왕이 그것을 인하여 동짓날 관문을 닫아서 장사치들이 다니지 못하게 하며, 임금이 사방을 시찰하지 않는다. [雷在地中復, 先王以, 至日閉關, 商旅不行, 后不省方.]"라고 하였다. 이는 일양(一陽)이 처음 생기는 때에 성인이 복괘의 상을 관찰하여 천도(天道)에 순응해서 그 미약한 양(陽)을 조용히 기르기 위한 것이므로 이른 말이다.

293) 동군(東君)은 해이다. -『광아(廣雅)』「석천(釋天)」
그 뒤에 여러 시인들이 동군을 춘신(春神)이라는 뜻으로 썼다.

古木猶從含化育、啼禽亦解喜春來。

東君若識人間恨、早送和風僻壤回。

백남의 시에 다시 화답하다

하늘의 해도 못 보고 우레 소리도 못 듣다가
벗님을 만나니 가슴속이 열리네.
지음(知音)[294]의 곡조로 「유수곡」 기꺼이 타겠지만
양관[295]에서 그대에게 술 권하는 이 적어 한스럽네.[296]
예전에 종각[297]이 바람 타고 갔다 들었는데
지금 보니 자첨[298]이 밝은 달과 함께 왔구려.
그물에 걸린 기러기와 농 안의 새는
어찌 두 쪽으로 나뉘어 보내졌나.[299]

---

294) 知音. "소리를 알아듣는다."는 뜻으로 "마음을 알아주는 친구"를 뜻한다. 백아(伯牙, ?~?)가 거문고를 타는데, 높은 산에 뜻이 있으면 [그의 친구] 종자기(鍾子期, BC 387~BC 299)가 듣고서, "태산같이 높구나."라고 말하였다. 또 흐르는 물에 뜻이 있으면 종자기가 듣고서, "강물처럼 넓구나."라고 하였다. 백아가 생각한 것을 종자기가 반드시 알아맞혔다. 종자기가 죽자, 백아가 "지음(知音)이 없다."면서 거문고 줄을 끊어버렸다. -『열자』「탕문편(湯問篇)」

295) 陽關. 악부(樂府)의 곡명(曲名)인데, 당나라 시인 왕유(王維)의 시 「송인사안서(送人使安西)」 시에서 나왔다.

296) 위성의 아침 비가 가벼운 먼지 적시니, 객사에는 푸릇푸릇 버들 빛이 싱그럽네. 그대에게 권하노니 다시 한 잔 드시오. 서쪽으로 양관을 나서면 친구가 없다오[渭城朝雨浥輕塵. 客舍靑靑柳色新. 勸君更進一杯酒, 西出陽關無故人.]. -왕유(王維) 「송인사안서(送人使安西)」

297) 宗慤. 남조(南朝) 송나라 사람인데, 젊은 시절에 숙주 종병(宗炳)이 장래 소원을 묻자 "큰 바람을 타고 만리의 파도를 깨뜨리기 원한다[願乘長風, 破萬里波]."고 하였다. 뒤에 진무장군(振武將軍)이 되었다.

298) 자첨(子瞻)은 송나라 문장가 소식(蘇軾)의 자이고, 호는 동파(東坡)이다. "여월(與月)"이라는 구절이 그가 지은 「적벽부(赤壁賦)」에 보이는데, 이 시에서는 물론 정백남(鄭白南)을 가리킨다.

299) 이어지는 시를 보면 정백남과 다른 방에 배치된 듯하다.

再和白南

盲於天日聵於雷。仍得故人頓覺開。
流水欣添知己調、陽關恨少勸君盃。
昔聞宗慤[300]乘風去、今見子瞻與月來。
網裏罹鴻籠裏鳥、如何分送兩邊回。

300) 원문에는 종각(宗殼)으로 오기.

벗과 벽 너머로 나뉘어 있음을 탄식하다

창 너머로 주고받는 이야기 알아듣기 어려워
얼굴은 뵈지 않고 소리만 들리네.
벽 하나 사이에 두고 서로 바라보며
틈새로 눈길 주며 마음 보내네.
농 안의 새같이 깃을 맞대었지만
통 안의 벌처럼 방은 각기 다르구나.
어찌하면 그대와 즐겁게 같이 앉아
진산과 초수를 진진하게 이야기하려나.

歎良友隔壁分處

隔窓相語語難眞。只聽響音不見人。
壁上兩邊輸眺望、隙間一眼送精神。
縱憐籠鳥同連翮、深恨窩蜂各處身。
焉得與君歡共榻、秦山楚水301)說津津。

---

301) 진(秦)나라와 초(楚)나라는 중국에서 가장 멀리 떨어진 지역인데, 진나라에는 산이 많고 초나라에는 강이 많다. 천하의 경치를 가리킨다. 진시황 때부터 진산(秦山)과 초수(楚水)를 이어주는 길을 만들기 시작하여, 오랜 세월에 걸쳐 진초고도(秦楚古道)가 완성되었다.

정백남이 지은 「원유」시[302]를 찬탄하며

물마다 선풍[303]이요 골짝마다 안개이니
명승지는 몇 군데요, 선가(仙家)는 몇이던가?
남양 옛 땅엔 분명 국화[304]에 서리 내렸을 테고
서역 하늘엔 혹시라도 꽃비[305]가 내렸던가.
옛날엔 수레를 타고 다녔건만[306] 개미집은 흩어졌고
지금은 배와 노로 다니건만 봉새는 기울어졌네
장년의 달관은 학문 연구에 달린 것 아니니
끝내 진주를 어지러운 모래밭에 버리지 않으리라.

---

302) 모두 앉아서 술잔 멈추고 내가 부르는 「원유편」을 들어보게나.
擧坐且停酒, 聽我歌遠遊. -『주자대전(朱子大全)』「원유편(遠遊篇)」

303) 璇風. 선궁(仙宮)의 바람을 뜻한다. 선궁은 전설 속의 신선이 사는 곳이다.

304) 남양(南陽) 역현(酈縣)의 단수(湍水) 남쪽에 국수(菊水)가 흘러내린다. 그 물은 서북쪽 석간산 방국계에서 나오는데, 이를 석곡에서 나온다고도 하니, 대개 계곡의 다른 이름이다. 국수의 근원 곁으로는 모두 국화가 자라는데, 못과 계곡의 수분을 흠뻑 흡수하여 아주 감미로운 맛을 이룬다. 이 골짜기의 물을 마시면 장수한다고 한다.[湍水又南, 菊水注之. 水出西北石澗山芳菊谿, 亦言出析谷, 蓋谿澗之異名也. 源傍悉生菊草, 潭澗滋液, 極成甘美. 云此谷之水土, 餐挹長年.] -역도원(酈道元)『수경주석(水經註釋)』권29「단수(湍水)」

305) 雨花. 불조(佛祖)가 설법할 적에 제천(諸天)에서 여러 꽃들이 공중에 가득히 내려왔다는 고사에서 온 말이다.

306) 당나라 문장가 한유(韓愈)가 「진학해(進學解)」에서 "옛적에 맹자는 변론을 좋아하여 공자의 도를 밝히고자 수레를 타고 온 세상을 돌아다니다가 마침내 길에서 늙게 되었다[昔者孟軻好辯, 孔道以明, 轍環天下, 卒老於行.]."라고 하였다.

贊白南賦遠遊

水水璇風谷谷霞。幾多名勝幾仙家。
南陽舊地應霜菊、西域諸天倘雨花。
惟古轍環庭蹚散、而今舟楫[307]海鵬斜。
壯年達觀緣究學、終不明珠棄亂沙。

307) 주즙은 배와 노로서, 세상을 건지는 재상과 대신을 비유한 말이다. 『서경(書經)』「열명 상(說命上)」에 "큰 냇물을 건널 때는 너로써 주즙을 삼겠다[若濟巨川 用汝作舟楫]."라고 하였다.

일찍이 유람 못함을 탄식하다[308)]

십년을 문 닫고 한 골짜기에 묻혀 살자니
개미굴에 개구리 사는 우물이 바로 내 집이었네.
장관(壯觀)이라곤 바다 밖의 큰 세상을 말로만 들어
부질없이 노닐다 진흙 뒤집어 쓴 꽃이 되었네.[309)]
책에서 읽어본 천년의 역사가 기억에 뚜렷하지만
만국의 지도는 많이 헷갈리네.
북당[310)]에 계신 백발 어머님 연세 많으시건만
모래밭 해오라기와 놀자던 첫 약속[311)]을 어찌 저버리랴.

歎早不遊覽

十載掩門古洞霞。蟻屯蛙井是吾家。
壯觀只聞溟海月、浪遊誤作溷泥花。

---

308) 앞의 시와 같은 운을 써서, 첫 편에서는 정백남의 시를 칭찬하고, 이 편에서는 자신이 유람 못함을 아쉬워했다.

309) 다산 정약용의 「종련사(種蓮詞)」에 "꽃을 심어도 연꽃은 심지 마소. 붉은 꽃에 더러운 진흙 씌우니[種花莫種蓮, 朱華冒溷泥]"라고 하였다.

310) 『시경(詩經)』 위풍(衛風) 「백혜(伯兮)」에 "어떻게 하면 훤초(諼草)를 얻어다 뒤[背]에 심을고.[焉得諼草, 言樹之背]"라 하였는데, 그 주(註)에 '훤(諼)은 훤(萱)이요 배(背)는 북쪽에 있는 당[北堂], 곧 부인이 거처하는 곳이다."고 하였다. 그래서 어머니의 거처를 북당(北堂) 혹은 훤당(萱堂)이라고 하게 되었다.

311) 육유(陸游)의 「숙흥(夙興)」에 "학의 원망은 누가 풀어주랴. 갈매기와의 맹세 이미 식었을까 염려되네[鶴怨憑誰解, 鷗盟恐已寒.]."라고 하였다. 속세를 떠나 자연으로 돌아가자던 약속을 가리킨다.

書閱千秋雖的歷、輿覽萬國易橫斜。

北堂鶴髮年垂暮、忍負初盟鷺渚沙。

화운하다

그대는 계북[312]을 노래하고 나는 해동을 시로 지어
비분강개하고 쓸쓸한 가락이 한 자리에 있네.
낡은 벽에 매화시 쓰니 봄 눈이 새하얗고
외로운 성에서 칼 어루만지니 저녁 햇살이 붉구나.
하늘 보는 눈은 있어 기나라 걱정하지만[313]
달을 보면 무심히 계수나무 궁전을 꿈꾸네.
바람 조각 실같은 빗줄기는 한이 많아서
백년 갈림길에 지나가기 어렵구나.

和韻

君歌薊北我詩東。慷慨蕭條一榻同。
古壁題梅春雪白、孤城撫劒夕陽紅。
看天有眼憂杞國、憶月無心夢桂宮。
風片雨絲多少恨、百年岐路去難通。

---

312) 연(燕)나라 지역인 계주(薊州)의 북쪽 지방을 가리키는데, '강개(慷慨)'라는 시어를 보면 앞에서 노래한 형가(荊軻)를 생각한 듯하다.

313) 기(杞)나라의 어떤 사람이 하늘이 무너지고 땅이 꺼지면 몸 붙일 곳이 없을까봐 걱정되어, 먹고 자는 것을 다 잊었다. -『열자(列子)』

돌부처

서역에서 어느 해에 바다 동쪽으로 건너 왔나.
타산의 옛 모습이 지금도 그대로일세.
스님이 올 때엔 소나무 걸린 달이 은은히 밝더니
손님이 가자 바위의 꽃만 고즈넉하게 붉구나.
속세와 달리 법당에는 먼지만 가득 쌓이고
세월이 지나 비바람이 승방을 들이치네.
향불 스러지고 등불도 꺼지자 종소리마저 끊어져
만겁(萬劫)과 천연(千緣)이 이 한 밤에 통하는구나.

石佛

西域何年渡海東。他山舊面至今同。
僧來松月依依白、客去岩花寂寂紅。
俗異塵埃堆法殿、時移風雨打禪宮。
香殘燈滅踈鍾落、萬劫千緣一夜通。

화운 시를 기다렸지만 오지 않아서

오늘 밤엔 밝게 빛나던 장경성[314]이 보이지 않고
창 아래로 새별 달 지자 오경[315] 종소리 울리네.
소단(騷壇)에선 날마다 귀신 울리던 시[316]가 들리더니
노곤한 봄이라 묵루병(墨壘兵)도 누워 늘어졌구나.
남쪽 새가 고향 그리다보니[317] 꿈만 고달파
북쪽 기러기 울음 들리잖고 날만 가누나.
내 비록 고단한 군사라 그대 맞상대는 못 되지만
무슨 이유로 오언성[318]을 일찌감치 닫으셨소.

---

314) 장경성(長庚星)은 태백성(太白星)이라고도 하는데, 초저녁에 서쪽 하늘에 보인다.

315) 종루(鐘樓)에 물시계와 함께 대종(大鐘)을 걸어놓고 밤 10시경에 종을 28번 쳐서 인정(人定)을 알리면 도성의 문이 닫히고 통행금지가 시작되며, 새벽 4시경인 오경삼점(五更三點)에 종을 33번 쳐서 파루(罷漏)를 알리면 도성의 8문이 열리고 통행금지가 해제되었다. 우남이 갇혔던 감옥이 종루 부근에 있었다.

316) 황정견의 누이가 시집가서 박대를 받다가 강에 빠져 죽자 황정견이 훼벽(毁璧)을 지었는데, "돌아가 소요하련가. 서강의 물결 어느 때나 가라앉을까[歸來兮踈遙, 西江波浪何時平]."라는 구절이 있었다. 주희(朱熹)가 이 구절을 보고 "참으로 귀신을 울릴 만하다[眞可以泣鬼神]."라고 칭찬하였다. -『주자대전(朱子大全)』 권100 「임정백(林井伯)」

317) 오랑캐 말은 북풍에 의지하고 월나라 새는 남쪽 가지에 깃들이네.
胡馬依北風, 越鳥巢南枝. -「古詩十九首」1
원문의 남금(南禽)이나 고시(古詩)의 월조(越鳥)는 남쪽 지방의 새인데, 다른 지방에 가서도 남쪽 고향을 그리며 남쪽 가지에 깃든다는 뜻이다.

318) 유장경이 오언시를 잘하여, 오언장성(五言長城)으로 자처하였다. 여기서는 화운시를 지어 보내지 않는 상대방을 칭찬하면서 비꼬는 말이다.

待和韻不到

今宵欠看耀長庚。殘月下窓五鼓鳴。
排日騷壇聞泣鬼、困春墨壘臥休兵。
南禽夢苦關重掩、北鴈聲遲漏易傾。
縱我孤軍非敵手、緣何早閉五言城。

꿈도 꾸지 못해

꿈에조차 고향에 가지를 못해
새벽에 홀로 앉아 닭소리를 듣네.
오늘 밤 유령[319]에게 취하는 법 묻고 싶으니
애당초 굴원[320]에게 깨어 있는 법 배운 게 후회되네.
몸을 자주 뒤척이니 이불 속에서 바람이 일고
오래 누웠노라니 창틈으로 별빛이 새어 드네.
순라꾼이 나와 함께 고생을 하니
눈 속에 차가운 나막신 신고 빈 뜰에 걸어가누나.

夢不成

夢魂不到舊山靑。曉閣鷄聲獨坐聽。
此夜願同劉子醉、初年悔學屈君醒。
轉頻衾裡生虛籟、臥久窓間入漏星。
惟有巡兵同我苦、雪中寒屐步空庭。

---

319) 유령(劉伶)은 (진나라) 패국(沛國) 사람이다. [줄임] 유령이 무릎을 꿇고 빌었다. "하늘이 유령을 내시면서, 술로써 이름을 지었습니다. 한 번에 한 섬을 마시고, 해장술로 다섯 말을 마십니다. 아녀자의 말은 삼가 들을 수가 없습니다." 그리고는 곧 술잔을 끌어오고 고기를 가져다가, 다시 크게 취하였다. -『진서(晉書)』 권49 「유령」

320) 온 세상이 모두 흐린데 나 혼자만 맑고, 나 혼자만 깨었네. 그래서 쫓겨났다네. -굴원 「어부사(漁父辭)」

박쥐

햇빛이 두렵고 무더위는 항상 두려워
짐승에도 새에도 둘 다 속하지 않네.
밝은 대낮에 자취를 감추는 건 자괴감 때문이겠지만
황혼에 나와 배 불리는 건 누구에게 미움 당해서인가.
종족으로 따지자면 털 없는 족속이건만
달 아래 날아다닐 땐 머리 기른 스님 모습일세.
날고 기는 재주를 마음대로 부려
높은 하늘 큰 땅을 맘껏 독차지하네.

蝙蝠

畏明常畏日炎蒸。寄獸寄禽兩未曾。
白晝藏踪緣自愧、黃昏肥己見誰憎。
物中宗族無髯子、月下形容有髮僧。
匍匐翱翔隨意作、長天大地計層層。

관식

나물국 멀겋기가 비 개인 못 같은데
똑같이 나누어 서쪽 남쪽 방으로 보내 주네.
소반 없어도 배부르건만 자리가 늘 젖고
반 사발로 요기 달래니 씀바귀도 달구나.
간이 안 된 거친 밥 씹으니 소금 생각 간절한데
골라낸 돌이 옥 같아서 남전을 가는 것 같네.[321]
부황 띤[322] 얼굴에 저마다 하는 말이
추하든 거칠든 하루 세 때 먹어 봤으면.

官食

蔬羹淸如霽雨潭。齊分雙送各西南。
非盤猶飽茵常濕、半椀當飢茶尙甘。
啖粗無鹽思煮海、揀沙如玉憶耕藍。
滿顔菜色頭頭語、不計醜荒願日三。

---

321) 耕藍. ‘남전(藍田)에 밭을 간다’는 뜻이다. 남전은 옥이 많은 곳이기에 “남전생옥(藍田生玉)”이라 하였다.

322) 菜色. 굶주려서 얼굴빛이 누렇게 뜬 모습인데, 채독(菜毒) 들렸다, 또는 부황(浮黃) 들렸다고도 한다.

화운하다

이 안에서 만나다니 이 무슨 기연인가
얼굴 보고 말 못해도 귀엣말은 할 수 있네.
설 지난 버들은 비와 이슬 맞아 새 움이 트고
추위에 강한 소나무는 바람서리에도 탈 없구나.
색(色)과 상(相)을 다 보긴 원래 어려워
천지가 넓다 해도 몸 하나 담았을 뿐일세.
듣자니 고향 동산엔 봄이 왔다는데
아이더러 사립문 늘 닫지는 말라 하소.

和韻

奇緣誰似此中逢。面語雖違耳語從。
雨露生心經臘柳、風霜無恙傲寒松。
色相原難雙眼盡、乾坤不過一身容。
聞道鄕園春事至、莫敎童子戶常封。

성냥

화인(火人)이 염초 바르는 비법을 찾아내
번갯불에 천둥소리 둘 다 겸하였네.
불 붙이기 어려운 부싯돌보다 빨리 불이 붙고
유황을 나무에 교묘히 붙였으니 값도 헐하네.
겨울 창이 천 송이 꽃을 피운듯 밝아지고
칠흑 같던 방이 한 줄기 달빛 비추듯 환해지니,
벽 뚫고[323] 반딧불이 주워 모으던[324] 것도 다 옛일이라
두어 푼 주면 백 개피를 살 수 있네.

自起火

火人計秘儲硝鹽。閃電轟雷兩得兼。
鈍棄鑽金功較速、巧藏磺木價還廉。
冬窓自發花千點、漆室能成月一簾。
穿壁拾螢皆古事、數錢可買百枝纖。

323) 광형이 부지런히 배우는데 촛불이 없었다. 그 이웃집엔 촛불이 있으나 자기 집까지 비치지 않으므로, 그가 방의 벽을 뚫어서 그 촛불의 빛을 끌어다가 책에 비추어 글을 읽었다[衡勤學無燭, 鄰舍有燭而不逮, 衡乃穿壁, 引其光而讀之.]. -『서경잡기(西京雜記)』 이 이야기가 『몽구(蒙求)』 상편에도 「광형착벽(匡衡鑿壁)」이라는 제목으로 실려 있다.

324) 진나라 차윤(車胤)이 반딧불이를 모아 비단주머니에 넣어서 그 불빛으로 글을 읽었다.

따뜻한 봄

겹이불 걷어내도 춥지가 않아
매화도 나와 함께 봄을 즐기네.
아침 햇살이 만물을 따스하게 해 닭 울음도 늘어지고
새 울음소리 시끄러워 낮잠 자기 어렵네.
아지랑이 공중에 아른거리고[325] 산에는 풀 돋아나고
못에는 고기 뛰노는데 숲에는 눈이 남았구나.
차고 수척한 맹교와 가도[326]도 병에서 살아나니
동풍에게 감사하려고 시 한 수 부치네.

春暖

減却重衾冷不侵。梅花與我共春心。
朝陽薰物鷄聲倦、午睡惱人鳥語深。
野馬浮空山欲草、池魚弄水雪殘林。
寒郊瘦島從蘇病、爲謝東風寄一唫。

---

325) 아지랑이나 먼지 같은 것은 하늘과 땅 사이의 생물들이 숨을 쉬면서 서로 내뿜는 것들이다[野馬也, 塵埃也, 生物之以息相吹也.]. -『장자(莊子)』「소요유(逍遙遊)」

326) 원문의 한교수도(寒郊瘦島)는 당나라 시인 맹교(孟郊)와 가도(賈島)의 시풍을 가리키는데, 맹교의 시는 청한(淸寒)하고, 가도의 시는 청수(淸瘦)하다고 함께 이르는 말이다.

백허의 팔조시[327]에 화답하다

정치하려면 먼저 이웃 나라부터 잘 사귀어야 하고[328]
일이 생기면 마땅히 통달한 분께 물어보소.
나라 걱정엔 세력이 고립되는 것을 경계하고
국민을 이끌어 자유로운 몸이 되게 하소.
뒤처지는 것을 겁내어 옛것에 매이지 말고
좋다고 생각되면 새것이라 싫다 마소.
준재와 영재 교육이 지금 가장 급하니
군병 기르는 것은 전쟁을 막을 정도면 된다오.

和白虛八條詩

圖治先在篤交隣。臨事當問達變人。
憂國戒存孤立勢、導民務作自由身。
法僞恐後無泥舊、從善爭前莫厭新。
教育俊英今最急、養兵惟止壓邊塵。

---

327) 나라를 개혁하기 위한 여덟 조목의 강령을 시 형식으로 표현한 것이어서, 한 구절 한 구절이 하나의 강령이다.

328) 내가 남쪽의 왜국(倭國)과 교린(交隣)하고 북쪽의 중국에게 사대(事大)하는 일을 혹시라도 소홀히 한 적이 없었던 것은 바로 충신(忠信)과 독경(篤敬)이 모두 나에게 있는 도이기 때문이다[予於南交北事, 未嘗或忽者, 正爲忠信篤敬, 盡在我之道而已.]. - 정조(正祖) 『홍재전서(弘齋全書)』 제177권 『일득록(日得錄) 17』
정조의 사대(事大) 교린(交隣) 정책이 조선시대 외교의 지침이었는데, 강화도조약 이후 여러 나라들과 동등한 조약을 맺으면서 교린(交隣) 정책만 남게 되었다.

칠월 사일 밤에 친구 김세진[329]의 시에 화운하다

-김세진의 호는 ○○로, 전 경무관이다.

1. 옷과 두건 벗고서 베개 위에 누웠노라니
가녀린 바람이 얼굴 스쳐 꿈이 아련하구나.
지루하고 긴 여름에 사람들 모두 지쳐서
시 이야기도 고향 생각도 반은 졸면서 하네.

七月四日夜和金友世鎭韻

-號○○, 前警務官.

褪却衣巾倒枕邊。微風拂面夢依然。
支離長夏人俱惱、詩話鄉愁半是眠。

2. 반평생 고생 바다가 갈수록 끝이 없어
풍파를 겨우 벗어나자 또 다시 밀려드네.
어찌하면 이 사람들 구제해 저 언덕에 올라
태평 누각에서 다 같이 한가롭게 잠을 잘까.

半生苦海去無邊。纔渡風波又渺然。
焉得濟人登彼岸、太平樓閣共閒眠。

329) 金世鎭. 『승정원일기』 고종 32년(1895) 4월 1일 기사에 김세진을 경무청 주사(警務廳主事) 8등에 임명한 기록이 보인다.

7월 24일 밤에 느낌이 있어서 즉흥적으로 짓다

계절이 어느새 7월[330]이 되었으니
몇 사람이나 적벽에서 긴 물가에 배를 띄웠을까?[331]
괴안국[332]에선 모두 다투어 번화한 도시를 꿈꾸는데
기나라에선[333] 홀로 옥루만 바라보네.
오랜 나그네 가을 만나니 부질없이 잠 오지 않는데
귀뚜라미 밤새 우니 무슨 근심이 있는가?
이제 와서 용 잡는 기술[334] 배운 것 후회하니
밝은 달 훗날에 해외에서 노니기를 기약하네.

---

330) 원문의 화류(火流)는 유화(流火)인데, 『시경(詩經)』 빈풍(豳風) 〈칠월(七月)〉 의 "칠월에 별이 흐르면 구월에 옷을 보내네(七月流火, 九月授衣)"라는 구절에서 나온 말로 7월을 통칭한다. 화(火)는 심성(心星)이니, 이 별이 흘러 서쪽으로 가면 가장 더운 계절이라 한다.

331) 소동파가 임술년(1082) 7월 16일 적벽에서 배를 띄우고 친구들과 함께 놀며 「적벽부(赤壁賦)」를 지었다.

332) 당나라 순우분(淳于棼)이 회화나무 남쪽 가지 아래 누웠다가 꿈에 괴안국(槐安國)에 가서 왕의 딸을 취하여 남가군(南柯郡) 태수가 되어 영화를 잘 누렸는데, 깨어 보니 회화나무 아래 큰 개미집이 있었다고 한다.

333) 기(杞)나라의 어떤 사람이 하늘이 무너지고 땅이 꺼지면 몸 붙일 곳이 없을까봐 걱정되어, 먹고 자는 것을 다 잊었다. -『열자』

334) 도룡(屠龍)은 뛰어난 기술을 쓸 곳이 없음을 비유하는 말이다. 주평만(朱泙漫)이 지리익(支離益)에게 용 잡는 법을 배우느라 천금의 집을 허비하고 3년에 기술이 이루어졌으나, 그 기술을 쓸 곳이 없었다는 이야기가 『열자(列子)』에 실려 있다.

七月二十四日夜有感口呼

節序居然屬火流。幾人赤壁泛長洲。
槐安皆夢爭金市、杞國孤懷望玉樓。
久客逢秋空不寐、亂蛩竟夜有何愁。
而今悔學屠龍技、明月後期海外遊。

푸른 옷을 입고 노역하러 가다

선비가 궁지에 빠지면 글 읽은 걸 후회해
벼슬한 끝[335]에 감옥살이[336] 삼년일세.
철사줄로 함께 묶이니 새로운 정 두터워졌지만
도롱이 입고 삿갓 쓰니 알던 얼굴도 낯설구나.
예부터 영웅의 옷에 이가 있다지만[337]
지금도 나그네 식사에는 고기가 없네.[338]
때가 오면 신과 만물이 마침내 하나 되리니
차라리 죽을지언정 초심을 지키리라.

靑衣赴役

士人窮途悔讀書。三年縲縲做官餘。
鐵絲結伴新情密、蓑笠逢人舊面踈。

335) 우남은 투옥 직전인 1898년 11월 26일 중추원(中樞院) 의관(議官, 종9품)에 임명되었다.

336) 縲縲. 죄수를 묶는 포승이다. 공자가 제자 공야장(公冶長)의 사람됨을 말하며 "비록 한때 포승줄에 묶인 몸이 되기도 했지만, 그것은 그의 죄가 아니다{雖嘗陷於縲縲之中, 非其罪也.]."라 하고는 사위로 삼았다.

337) 왕맹(王猛)이 화음산에 숨어 있었는데, [줄임] 환온(桓溫)이 관(關)에 들어오자 맹이 베옷을 입고 찾아갔다. 한편으로는 당대의 정사를 이야기하며 (또 한편으로는) 이를 잡으며 말했는데, 마치 곁에 사람이 없는 것처럼 하였다. -『진서(晉書)』 권114 「왕맹」

338) 제나라 사람 풍환(馮驩)이 가난하여 맹상군에게 의탁해 지냈는데, 채소 반찬만 먹게 하였다. 풍환이 기둥에 기대 서서 칼을 두드리며 "긴 칼을 찬 사람아! 돌아가거라. 식탁에 고기 반찬이 없구나."라고 노래하였다. 여기서는 감옥에 갇혀 고기를 먹지 못하는 신세를 풍자하였다.

從古英雄衣有虱、而今客子食無魚。

時來神物終當合、寧死壯心不負初。

계묘년[339] 구월 십오일에 짓다

달 밝은 빈 뜨락에 홀로 서 있자니
밤 깊어 추워져도 추운 줄 모르겠네.
모든 곳에 종소리 끊어져 고즈넉한 가운데
다듬이[340] 소리만 서풍에 끊어질 듯 들려오네.

癸卯九月十五日作 選二首[341]

空庭獨立月明時。 夜久寒生自不知。
千門鐘罷寥寥裡、 數杵西風斷續吹。

---

339) 癸卯. 계묘년은 1903년이다. 우남이 1904년 8월 9일에 특별사면령을 받고 감옥에서 풀려났으니, 『체역집』이 시기 순으로 편집되었다면 이 시가 마지막 작품이다.

340) 원문은 "杵(절구 저)"이지만, 겨울옷을 준비하는 철이어서 "砧(다듬이 침)"으로 번역하였다.

341) "2수를 뽑았다"고 했는데, 이 제목으로 2수를 뽑은 것이 아니고 다음의 시까지 포함하여 2수이다. 앞의 시까지는 괘선지에 기록되었고, 이 2수는 뒷장에 추가로 기록한 것이다.

누가 국화꽃 두어 송이를 꺾어 보냈기에

내가 예전에는 꽃을 좋아하지 않아
꽃이 나를 어떻게 여길런지 알기 어렵네.
가지 꺾으면 꽃잎 쉬 떨어진다고 원망치 마소
내년에도 똑같이 가을바람[342] 불어올 테니.

人有折贈黃花數朶

我不如花異昔時。花如看我也難知。
折枝莫恨飄零易、來歲金風一樣吹。

342) 金風. 가을바람이나 서풍(西風)을 뜻한다. 오행(五行)의 금(金)은 계절에 있어서는 가을, 방위에 있어서는 서쪽이 된다.

해제

『체역집(替役集)』의 창작 배경과 번역본의 특징

허 경 진
(연세대학교 객원교수)

우남(雩南) 이승만(李承晚, 1875~1965)은 타고난 시인이 아니라 정치인이었지만, 젊은 시절부터 노년에 이르기까지 많은 한시를 지었다. 그는 양반 출신이었기 때문에 당연히 서당에서 한학(漢學)을 배웠으며, 한자로 시도 짓고 일기나 편지도 썼다. 갑오개혁 이전에는 한자(漢字)가 양반이나 국가의 공식적인 표기문자였기 때문이다.

조선시대 신분이자 직업을 크게 사농공상(士農工商)으로 나누는데, 이 가운데 양반이 선택할 수 있는 직업은 관직과 농사였다. 관직에 나아가기 위해 과거시험을 치르려면 진사나 생원을 거쳐야 하는데, 진사시 1차 과목이 한시(漢詩, 科詩)이다. 따라서 진사에 합격할 때까지는 몇 년이 되든 시를 배우고 연습했으며, 합격한 뒤에도 필요에 따라 시를 지었다. 멀리 있는 친구에게 편지 삼아 시를 지어 보내기도 하였고, 슬프거나 흥에 겨우면 혼자서도 시를 지었다.

한시를 제대로 지으려면 오랜 시간에 걸쳐 공부해야 했으므로 서민들은 한시를 본격적으로 배우기 힘들었고, 대부분 양반들이 한시를 지었다. 종이, 붓, 먹, 벼루의 문방사우(文房四友)를 갖추고 자리에 앉아 있어야 시를 썼으므로, 경제적인 여유 뿐만 아니라 시간적인 여유도 있어야만 한시를 지을 수 있었다.

이승만의 한시집인 『체역집(替役集)』을 이해하려면 그의 한시 공부와 감옥이라는 특이한 현장에서 지어졌다는 점부터 알아보아야 한다.

1. 필사본 『체역집(替役集)』

『체역집(替役集)』은 이승만이 생전에 출판한 적이 없는 필사본 시집이다. 그가 하와이로 망명한 이후, 1961년 동서출판사에서 신호열(申鎬烈) 번역본이 건(乾)·곤(坤) 2책으로 출판되었지만, 필사본 전체가 실린 것도 아니고, 특별한 설명도 없이 『체역집』 이후의 시까지 함께 편집하여 원래의 모습을 확인할 수가 없었다.

필사본 『체역집』은 유영익 교수의 해제와 함께 『梨花莊 所藏 雩南李承晩文書 東文篇 第二卷』 가운데 일부로[1] 영인본이 출판되면서 비로소 그 전모가 학계와 일반에 알려졌다. 표지에는 "一千九百年 庚子春謄 替役集"이라 썼고, 마지막 장에 〈癸卯九月十五日作 選二首〉라는 작품이 실려 있어서, 한성감옥에 갇혀 있는 동안 1900년 봄부터 1903년 9월 15일까지 3년 9

1) 雩南李承晩文書編纂委員會 編,『梨花莊 所藏 雩南李承晩文書 東文篇 第二卷』, 中央日報社·現代韓國學硏究所, 1998, 157~224쪽.

개월 동안 지은 시가 실려 있음이 확인된다.

이승만은 1899년 1월부터 1904년 8월까지 한성감옥서에 갇혀 있었으니, 필사본 『체역집』 표지에 "경자년 봄에 베끼다[庚子春謄]"라고 쓴 것을 보면 그 전부터 한시를 짓다가 이때부터 정서(淨書)해놓은 듯하다. 불이 꺼진 상황에서 읊은 시도 있고, 다른 사람들과 주고받은 시도 있기 때문에, 틈날 때마다 기억나는 대로 베껴 놓았을 것이다.

10행 괘선지(罫線紙) 공책(空册)에 줄마다 20자 내외로 필사하였는데, 한 글자 내려서 제목을 쓰고 그 다음 줄부터 시를 썼다. 첫 줄에 〈牢中作 與李侍從裕馨號白虛共賦〉라는 제목을 쓰고, 둘째 줄에 〈秋後晩菊〉이라는 제목을 썼으니, 첫 번째 작품은 제목만 쓰고 시가 없는 셈이다. 다행히 신호열 번역본 『체역집(替役集) 건(乾)』에 첫 작품으로 〈牢中述懷〉를 싣고 둘째 작품으로 〈與李白虛侍從裕馨共賦秋後晩菊〉이 실려 있어서 필사본에 실리지 않았던 첫 작품을 보완하였지만, 신호열 번역본은 제목도 몇 글자 달라졌을 뿐만 아니라 편집 순서도 필사본 『체역집』과 달리 일관성이 없게 만들어진 책이어서 그대로 믿기는 어렵다.

필사본 『체역집』에는 154제(題) 196수의 한시가 실려 있는데, 이 가운데 17수는 백허(白虛) 이유형(李裕馨)의 원운(元韻)이다. 이유형은 전형적인 유림(儒林)이어서 한시 창작이 몸에 배어, 언제나 시를 먼저 짓고 이승만에게 화운(和韻)을 요구하였다.

이승만이 감옥 안에서 지은 시를 모두 편집한 것이 아니라, 일부를 뽑아서 편집했을 가능성이 있다. 마지막 작품에 "2수를 뽑았다[選二首]"라고 쓴 것을 보면 알 수 있다. 그러나 그가 이 시집을 간행하려고 계획한 것 같지는 않다. 서문이나 발문도 없을뿐더러, 나중에도 간행할 생각을 하지 않았다.

옥중에서 집필한 『청일전긔』 출판에 필요한 비용 견적을 뽑아서 '옥중잡기(獄中雜記)'에 기록하고, 출옥 후에도 『청일전긔』와 『독립정신』을 출판하는 비용을 마련하려 애쓰다가 미국에서 출판하는 과정을 본다면, 필사본 『체역집』의 1차 독자는 자기 자신이었다. '체역(替役)'이라는 명칭부터가 자신을 위한 행위였다. 그러나 대통령으로 취임한 후에 공보실에서는 이 한시집을 국민들에게 소개하기 위해 번역을 시도하였다.

이승만이 감옥에서 지은 한시가 필사본 『체역집』 이외에도 몇 편 전한다. 그러나 원전의 전래과정이 다르기 때문에, 이번 번역본은 필사본 『체역집』만 편집하고, 나머지 시들은 다음 권에 편집하기로 한다.

2. 이승만의 한시 공부

이승만이 한시를 본격적으로 배운 시기는 그리 길지 않다. 서당에서 공부한 시절에 몇 년간 한시 짓기를 연습하였지만, 다른 시인들에 비하면 그리 길다고 말할 수는 없다. 19세에 도동서당에 입학하여 사서삼경(四書三經)과 당송(唐宋) 시문(詩文)을 배우며 본격적으로 과거시험 공부를 하였지만, 이듬해에 갑오개혁이 시작되어 과거제도가 폐지되자 1년 뒤에 배재학당에 입학하여 영어와 신학문을 공부하기 시작하였다.

영어를 공부하던 배재학당 졸업생들은 새 정부에 거의 취직이 보장되어 있었다. 졸업식에서 그가 졸업생 대표로 나와서 영어로 연설한 것을 보면, 그가 과거시험을 위해 공부하던 열성으로 영어공부에 전념하였음을 알 수 있다.

이승만은 타고난 시인은 아니다. 그런데도 그가 많은 시를 짓게 된 까닭은 조선시대 문화사와 관련이 있다. 조선시대 양반들은 관직과 학문, 농업

이외에 특별히 선택할 만한 직업이 없었다. 사농공상(士農工商)이 직업일 뿐만 아니라 신분이기도 했으므로, 선비가 관직을 얻지 못했다고 해서 공업이나 상업에 종사할 수는 없었다. 관원이 되건 학자가 되건 한문(漢文)을 배워야 했으며, 관직을 얻기 전의 젊은 양반 자제들은 특별한 일이 없으면 대개 하루 종일 독서하고 글을 지었다. 문과의 시험과목은 생원 진사시 1차부터 문과 3차까지 모두 글쓰기 과목이었다.

조선시대 문과 합격자들이 급제할 때까지 공부한 기간은 평균 25년 내지 30년이 걸렸으니[2] 대부분의 청장년들은 이 동안 한문으로 된 책을 읽고 한문으로 글을 지었으며, 지식인이라면 의례 한시를 배우고 지었다. 과거제도의 1차 시험인 진사시가 한시(漢詩) 짓기였기 때문이다. 과시(科詩)는 대개 36구(句) 안팎의 형식에 따라 지었다.

이승만이 응시하던 19세기의 과시는 고시문(古詩文) 가운데 한 구절을 제목으로 삼고, 제목 가운데 한 글자를 운자(韻字)로 삼아, 제4연(鋪頭)에 그 글자를 압운자로 사용하면서 7언 18운을 마지막 구절까지 같은 운자로 짓는 정식(程式)의 행시(行詩)였다. 2구씩 한 짝이 세 개가 모여 한 단락을 이루며, 모두 18개의 짝, 즉 여섯 개의 단락으로 구성되는 운문이다. 그가 참고문헌도 별로 없는 감옥 안에서 수많은 장시(長詩)를 거침없이 지을 수 있었던 것은 그가 잠시나마 과시(科詩) 공부를 했기 때문이다.

조선시대 문인들은 대개 5세에 서당에 입학하여 『천자문』을 배우면서 학업을 시작하였다. 이승만도 어머니에게서 배운 『천자문(千字文)』을 6세 때에 모두 암송하여 주위를 놀라게 하였다.[3] 조선시대 아이들이 가장 먼저

---

2) 김영모, 『조선 지배층연구』, 일조각, 1986, 505쪽.

3) 이정식, 「청년 이승만 자서전」, 『뭉치면 살고: 언론인 이승만의 글모음(1898~1944)』, 조선일보사, 1995, 67쪽.

배웠던 글은 『천자문(千字文)』이다. 제목 그대로 '천 글자로 된 글'인데, 『천자문』은 한 권의 글이라기보다는 한 편의 시이다.

한시가 되려면 글자 수와 운(韻)을 맞춰야 한다. 오언절구에는 둘째 구와 넷째 구 끝자리에다 같은 운에 속하는 글자들을 써서 운을 맞췄고, 칠언절구에는 첫째, 둘째, 넷째 구의 끝자리에다 운을 맞춰 썼다. 『천자문』도 네 글자씩 구절을 나누고 운을 맞춰 지었다. 그렇게 천 글자가 모여 한 편의 시가 된 것이다. 이 책을 통해 자연 · 인간 · 사회를 다 가르치려고 각 분야의 글자들을 뽑았기 때문에 시의 의미 전개가 몇 단락으로 나눠졌을 뿐이다. 이에 따라 운도 바꿔 썼다. 어려운 집 아이들은 『천자문』만 배우고도 다방면의 지식을 얻을 수 있었다.[4)]

아이들이 천자문을 마치면 『추구(推句)』를 배웠는데, 이 책 역시 시 형태로 엮어졌다. 『천자문』과 달리 오언(五言)으로 되어 있으며, 두 구절 또는 네 구절로 된 대구(對句)들을 모았다. 누가 처음 엮었는지 알 수 없지만, 여러 형태의 필사본으로 전하는 것을 보면 필사하는 사람, 또는 서당 훈장의 취향에 따라 좋은 구절들을 뽑아 엮은 듯하다. 뽑아 엮었기에 책 이름을 '밀 추(推)'가 아닌 '뽑을 추(抽)'를 써서 『추구(抽句)』라고도 한다.

어린 시절의 이승만은 어머니에게 한시 짓기를 배웠다. 그가 6~7세 무렵에 지은 삼언시

> 바람은 손이 없어도 나무를 흔들고
> 달은 발이 없어도 하늘을 건너간다
> 風無手 搖樹木 月無足 橫蒼空.[5)]

---

4) 허경진, 『옛 선비들이 어릴 적 지은 한시 이야기』, 알마, 2014, 17~18쪽.

5) 이 한시의 한문은 원문이 전해지지 않고 있으며, 이승만의 영문 자서전에서 영어로 쓴

라는 구절은 추구(推句) 투의 구절이지만, 여러 종류의 추구를 찾아봐도 보이지 않는다. 바람(風)과 나무(木), 달(月)과 하늘(空)은 잘 들어맞는 글자들이고, 주어를 바람(風)과 달(月)로 맞춘 것도 자연스러운 솜씨이다. 게다가 추구는 모두 5언시인데 그는 삼언시로 지었으니 나름대로 창의력을 드러낸 것이다. 이후 그는 그 싯귀를 마음에 새기고 언제나 그런 시를 지으려고 애썼다고 한다.

한 인물의 인생관을 형성하는 10대 후반부터 20세 무렵까지 이승만은 양녕대군(讓寧大君)의 봉사손 이근수(李根秀)가 가내에 세운 도동서당(桃洞書堂)에서 한학을 수련하였다. 항렬상 이승만의 조카뻘 되는 이근수는 1864년 문과에 급제하여 사헌부대사헌, 사간원대사간, 장예원경, 시종원경 등 고위직을 지내고, 을사조약 후 조약의 무효화와 을사오적의 처단을 요구하는 항일상소를 올렸던 인물이다.[6] 이승만은 남산 서쪽 기슭의 우수현(雩守峴) 일대에 거주하는 일가들의 인도로 이근수의 서당에 다니며 그의 자손들과 함께 공부를 하였다. 이러한 인연으로 우남(雩南)이라는 호도 만들어졌다.

이승만은 적어도 3명의 선생들로부터 한학을 배웠다. 먼저, 수원 유림 이승설(李承卨)에게서 경전(經傳)과 시부(詩賦)의 가르침을 받았다. 이승설은 포의의 선비에 불과했으나 나름대로 학식이 넉넉하고 성격이 너그러운 인물이었다. 다음에는 부친의 친우인 청원 출신의 신면휴(申冕休)에게서 가르침을 배웠다. 신면휴는 이승만의 친우이자 그를 배재학당으로 인도한 신응우(申膺雨)·신긍우(申肯雨)·신흥우(申興雨) 3형제의 부친이었다.[7]

것을 한문으로 유추한 것이다. 이정식, 「청년 이승만 자서전」, 67~68쪽.

6) 『일성록』, 1905년 11월 1일.

7) 신면휴는 이승만의 옥중학당 개설을 기록한 글에서 "이승만군은 아동 시부터 나에게 배

그는 이들 두 사람에게 유학의 기초를 다지는 기회를 얻었다. 1890년 이후부터 그를 가르친 김생원은 문장과 경사보다는 시와 풍류에 능한 인물이었으며,[8] 그에게 한시의 묘미를 전수한 한시 선생이었다. 이처럼 여러 선생들을 통하여 그는 유교지식인이 갖춰야할 지식과 소양을 닦아나갔다.

이승만은 부친의 소원대로 밤낮으로 과거시험 위주의 실용적인 유학공부에 매달렸다. 12세 쯤에 『통감절요(通鑑節要)』 15권을 마친 후 『맹자(孟子)』·『논어(論語)』·『중용(中庸)』·『대학(大學)』 등 사서(四書)를 다시 반복해서 공부하였다. 이어 18세 이전까지 『시전(詩傳)』·『서전(書傳)』·『주역(周易)』 등 삼경(三經)을 모두 떼었다.[9] 20세 전후에 과거에 급제한 준재들이 대체로 12~13세 경에 사서삼경을 모두 암송하고 20세 이전에 사서삼경의 오의를 터득하고 활용하는 단계로 접어드는 것이 보통이었다. 그의 유가경전 공부도 이때쯤에는 아마 상급의 수준에 도달해 있었을 것이다.

이외에도 그가 지은 시에는 『당음(唐音)』, 『고문진보(古文眞寶)』 등의 문학서는 물론, 『사기(史記)』, 『한서(漢書)』, 『장자(莊子)』, 『열자(列子)』 등 역사서와 제자백가서가 두루 인용되어 있었다.

그는 6~7인의 동료들과 함께 전통적인 서당교육방식에 따라 한학을 연마하였다. 그리하여 봄과 여름에는 당송(唐宋)의 시문을 읽고 시부와 과문(科文)을 작성했으며, 가을과 겨울에는 경사(經史)와 고문(古文)을 독해하

운 자이다"라고 회고했다. 전택부, 『인간 신흥우』 (대한기독교서회, 1971), [부록], 「옥중개학전말」, 19~20, 61, 401쪽.

8) 서정주, 『우남 이승만전』, 67, 82~83쪽.

9) 서정주, 『우남 이승만전』, 70, 87쪽. 서당 선배 신긍우 형제들의 권고로 『三國志』를 처음 접한 이승만은 이를 단숨에 읽어 치운 다음에 『水滸傳』·『西廂記』·『剪燈新話』 등 중국 고전소설을 연이어 독파하였다. 그는 부모들이 금하는 『서상기』를 청지기 최응원의 방에 가서 숨어서 읽었을 정도로 열성을 보였다.

고 암송하는 것으로 일과를 삼았다.[10] 여름에 시부와 과문(科文)을 작성했다는 점은 통상적인 서당 공부의 방법이기도 했다.

여름에는 서당이 더웠으므로 시원한 시냇가나 나무그늘로 가서 글짓기를 했다. 그는 과거의 1차 관문인 생원 · 진사시를 통과하기 위해 경서공부, 서도수련, 시부연습을 동시에 해나갔다. 그는 이 세 방면 가운데 경서 분야에서는 별다른 홍취를 보이지 못했던 반면, 서예와 시짓기 분야에서는 재능을 발휘하였다. 이렇게 일찍부터 두각을 나타낸 서예와 시짓기는 그의 평생 취미가 되었다.

이승만은 1890년부터 시에 능한 선비 김생원의 가르침 덕분에 시공부에 맛을 들였다. 4년 동안 김생원의 훈도 아래 여름철마다 두보(杜甫), 이백(李白), 왕유(王維) 등 당나라 유명 시인들의 시를 모아놓은 『당음(唐音)』을 비롯하여 고금 시인들의 시를 공부했으며, 스승의 친구들을 모시고 경치 좋은 곳을 찾아가 시회를 갖기도 하였다. 그는 당시에 지은 즉흥 시구 가운데 "온갖 나무 복사꽃에 서너 가호 이웃집," "술 즐겨 베푼 자리 붉어오른 얼굴엔 / 고운 정자 푸른 녹음 이웃하리" 등의 구절을 해방 후까지도 기억하고 있었다.[11] 한편으로는 시를 지으면서, 한편으로는 1893~1894년 겨울 내내 도동서당 근처의 남묘(南廟: 남관왕묘)에서 『시전(詩傳)』 10권을 반복해서 외울 정도로 시 공부에 전념하였다.[12]

이승만에게 한시공부는 연이은 낙방의 시름을 덜어줄 묘약이자, 과거에 대한 대안책이기도 하였다. 그의 부친 이경선(李敬善)은 재능있는 외아들

10) 이승만이 이근수를 위해 집필한 「합장묘지문」(1956); 고정휴, 「개화기 이승만의 사상 형성과 활동」, 『역사학보』 109, 1986, 27쪽에서 재인용.

11) 萬樹桃花屋數隣; 好酒登宴紅作友 名亭隔樹綠爲隣. 서정주, 『우남 이승만전』, 82~87쪽.

12) 『대통령 이승만박사 담화집』 2, 「배재학당 창립 70주년 기념식에 참석하여」(1955.6.8), 257쪽.

을 관리로 만들어 집안을 부흥시키기를 염원하고 있었지만, 부패한 시험 관리, 한미한 신분 등으로 그는 과거시험에 합격할 수가 없었다. 그러나 과거 공부를 하느라고 배웠던 한시 작법을 활용하여 그는 평생 많은 한시를 지었다.

3. 징역과 문학 창작의 공간인 감옥

현재 남아 있는 이승만의 한시 200여 제(題)는 크게 세 개의 공간에서 지어졌다. 첫째는 감옥, 둘째는 국권 찬탈 이후의 망명과 독립운동지, 셋째는 광복 이후의 조국이다. 이 세 개의 공간은 이승만의 정치활동과도 연관되는데, 감옥에서 지은 시를 편집한 필사본 『체역집』에 75%가 실려 있다.

이승만은 1898년 2월부터 독립협회와 만민공동회의 정치개혁운동에서 두각을 나타내어, 11월 29일에 24세 나이로 중추원(中樞院) 의관(議官)에 제수되었다. 과거시험을 거치지 않고도 관원이 된 것이다. 그러나 고종(高宗)을 양위(讓位)시키고 의화군(義和君) 이강(李堈)을 황제로 옹립한 다음 일본에 망명 중인 박영효(朴泳孝)를 맞아들여 혁신내각을 수립하려했다는 죄목으로 1899년 1월 9일 체포되어 한성감옥에 수감되었다.

7월 11일 평리원(平理院) 재판에서 사형을 면하고 '태일백(笞一百) 종신형(終身刑)' 판결을 받아 본격적으로 수형생활이 시작되었다. 1900년 2월 14일에 김영선(金英善)이 감옥서장 겸 간수장으로 부임하면서 정치범들에게 독서와 글쓰기를 허락하고 서적실까지 설치하여, 이승만도 이때부터 집필과 한시 짓기를 시작하였다.

이승만은 감옥 안에서도 여러 가지 활동을 하였는데, 문학활동과 관련하여 특기할 만한 것은 서적실(書籍室) 운영, 옥중서당(獄中書堂)의 개설과 운영,『제국신문』논설 집필, 한시(漢詩) 짓기 등이다. 이 가운데 죄수들이 잠들지 못하는 밤 시간의 지루함과 무료함을 달래준 것이 바로 한시 짓기였다.

그는 감옥이라는 단절된 공간을 문학 창작의 공간으로 넓히면서 상상력을 통하여 외부(外部)와 소통하고, 시간적으로는 고금(古今)과 소통하였다.

한시는 혼자 짓기도 하지만, 두 사람 이상이 함께 짓는 경우가 많다. 두 사람이 함께 앉아서 같은 운자로 주고받으며 짓는 경우에는 제목에 차운(次韻)이나 화운(和韻)이라는 글자가 들어가고, 멀리서 지어보낼 때에는 '기(寄)'자라든가 '증(贈)'자가 들어간다. 여러 명이 시사(詩社)를 결성하여 주기적으로 모여서 시를 짓는 경우도 많은데, 시사는 동인(同人) 성격이므로 정치색을 띠는 경우도 있다.

우연히 읊다 偶唫

서리 같은 기운에 칼날 싸늘해
한번 죽기 어렵지 않지만 절개에 죽기 어렵네.
지금같은 세상 만나 편안하게 산다면
누가 그를 의롭고 담대한 장부라고 보랴.
秋霜志氣劍俱寒。一死非難死節難。
如當此世安閒在、丈夫義膽有誰看。

이와 같은 시는 스스로 절개 지키기를 다짐하며 지은 것이다. 혼자 시를 짓다가 마음이 맞는 시인을 만나게 되면, 가슴을 털어놓을 수 있게 된다.

시인을 반갑게 만나다 喜逢詩人

부평초같이 떠돌다 금란지계 맺으니
시 짓는 자리에서 처음 만나도 구면 같구려.
소무가 북해에서 이능을 만난 듯 정겹고
왕휘지가 산음에서 대안도 찾아간 듯 흥겹네.
백년의 이합집산을 칼 하나에 맡겼으니
반세상 아양곡은 그대가 연주하게나.
깜박이는 등불 아래 한 그림자 더해
자신을 잊고 가슴을 털어놓으며 서로 반기네.
結隣萍水契蘭金。詩席新緣似舊心。
情若逢陵時北海、興如訪戴夜山陰。
百年離合吾藏劍、半世峨洋子解琴。
旅塌疎燈添一影、忘形傾膽好相尋。

그가 이때 만난 시인이 누구였는지 이름을 밝히지는 않았지만, 마음에 맞는 시인들이 차츰 늘어났다. 이승만은 감옥 안에서 반정부운동을 하다가 투옥된 국사범들, 기타 이유로 투옥된 인사들과 함께 시를 지었다. 『체역집(替役集)』에 보이는 이승만의 시 친구들은 전 시종 백허(白虛) 이유형(李裕馨), 내부협판 유성준[13], 정위 임병길(林炳吉)[14], 법무협판 이기동(李基東), 윤춘경(尹春景), 경무관보 김세진(金世鎭)[15], 유진구(兪鎭九)[16], 정백

13) 1902년 개혁당사건으로 투옥된 인물로, 유길준의 아우이다.

14) 대신의 집에 폭탄을 투척하고 선혜청에 방화했다가 1899년 6월에 체포되어 1902년에 처형된 인물이다.

남(鄭白南) 등이다. 이 가운데 이승만과 시로 대작할 만한 실력을 지닌 이는 이유형이었다. 이승만은 자신의 자서전에서 시동인 가운데 이유형을 특별히 언급했는데,[17] 시를 통해 심회를 나눈 가장 절친한 옥중친구가 이유형이었음을 의미한다.

회포를 적다 述懷

마음을 논하고 일을 논하려면 마음 비울 줄 알아야 하건만
무수한 사람들이 저마다 자기 생각만 고집하네.
배운 힘이 얕고 천하면 마음 비우기 어려운 법
그대에게 묻노니, 큰 도량이란 어떤 것이겠나?
論心論事知心虛。無數人人獨自居。
學力淺卑難可得、問君鴻度更何如。 (백허)

백안으로 사람을 보면 우주가 텅 비게 되니
어디서건 더불어 살 사람이 없게 됩니다.
사람 사귐에 내 맘 알아주는 이 적다고 한탄하지 말지니
나를 알아주는 것이 내가 남을 알아주는 것만 못하답니다.
白眼看人宇宙虛。無人何處與人居。
交人莫恨知心少、知己知人更不如。

---

15) 진주부(晉州府)의 공금 횡령 사건으로 투옥된 인물이다.

16) 친로파 김홍목(金鴻陸)을 칼로 찌른 사건으로 1898년 2월에 체포되어 3월에 종신징역형에 처해진 인물이다. 『일성록』, 1898년 3월 19일; 『고종실록』, 1898년 4월 9일.

17) 이승만은 "시인이며 학자인 이유형. 우리는 시를 짓기 시작했다"라고 적었다. 『뭉치면 살고…』, 「청년 이승만 자서전」, 80쪽.

이 시는 두 사람이 같은 제목으로 5수씩 잇달아 지었는데, 모두 이유형이 먼저 짓고 이승만이 허(虛)·거(居)·여(如)라는 운자를 맞춰서 따라 지었다. 〈감회가 있어 백허와 시를 주고받다 感懷 與白虛唱和〉와 같은 시는 이유형이 먼저 짓고 이승만이 차운(次韻)하여 짓는 형식으로 여섯 수씩 잇달아 지었다. 이승만이 이유형의 시까지 12수를 함께 실었으니, 공동 작품이라고 생각한 것이다. 그러다가 아래와 같은 시에 이르러는 누가 먼저 짓고 다른 사람이 차운하여 짓는 것이 아니라, 아예 한 수를 함께 지었다. 누가 어디부터 어디까지 지었는지 알 수 없게, 글자 그대로 공동 작품이 되었다.

옥안에서 짓다. 시종 이유형(호 白虛)과 함께 짓다 牢中作 與李侍從裕馨號白虛共賦

한평생 가슴 속에 불평이 있어
비 뿌리고 바람 쳐 물결 일었네.
새장 속의 학은 구름 만리 그리워하고
숲속의 새는 삼경 달밤에 홀로 꿈꾸네.
책보따리 벗 삼으니 짐이 무겁건만
갑 속의 칼은 마음을 알아 목숨 가볍게 여기네.
세상에 황금은 가는 곳마다 있으니
가난하다고 나라 경영(經營)을 어찌 잘못하랴.
一生胸海不平鳴。雨打風飜浪易驚。
籠鶴遙懷雲萬里、林禽孤夢月三更。
筴書爲伴行裝重、匣劒知心性命輕。
世事黃金隨處有、貧寒那得誤經營。

화운을 기다렸지만 오지 않아서 待和韻不到

오늘 밤엔 밝게 빛나던 장경성이 보이지 않고
창 아래로 새별 달 지자 오경 종소리 울리네.
소단(騷壇)에선 날마다 귀신 울리던 시가 들리더니
노곤한 봄이라 묵루병(墨壘兵)도 누워 늘어졌구나.
남쪽 새가 고향 그리다보니 꿈만 고달파
북쪽 기러기 울음 들리잖고 날만 가누나.
내 비록 고단한 군사라 그대 맞상대는 못 되지만
무슨 이유로 오언성(五言城)을[18] 일찌감치 닫으셨소.
今宵欠看耀長庚。殘月下窓五鼓鳴。
排日騷壇聞泣鬼、困春墨壘臥休兵。
南禽夢苦關重掩、北鴈聲遲漏易傾。
縱我孤軍非敵手、緣何早閉五言城。

장경성(長庚星)은 태백성(太白星)이라고도 하는데, 초저녁에 서쪽 하늘에 보인다. 장경성도 보이지 않고 달도 졌는데 잠이 오지 않아 시를 지었지만, 상대방이 화운시를 보내주지 않자 서운해하는 구절에서 한동안 한시에 전념했던 시인 이승만의 모습을 볼 수 있다.

---

18) 유장경이 오언시를 잘하여, 오언장성(五言長城)으로 자처하였다.

벗이 부친 편지를 보고 感友人寄書

어젯밤 창틈으로 문성이 비추더니
반가운 글 싣고 기러기 왔네.
고향 동산 찾아서 혼 떠나가자
한바탕 비바람에 꿈이 깨었네.
사람의 일이 구름같이 정처 없는 줄이야 알지만
세월이 물같아 멈추지 않는 건 서운하구나.
그대와 놀던 곳 그릴 때마다
도동 연소정이 마음에 자리잡았네.
羈窓昨夜照文星。書雁帶來舊眼靑。
古洞烟霞魂獨去、一場風雨夢初醒。
縱知人事雲無定、只惜年光水不停。
每憶共君遊戱處、係心桃渚鷰巢亭。

도동서당에서 같이 배웠던 동문 친구가 편지를 보내주자 이승만이 답장으로 시를 지어 보내면서, 감옥 안에 갇혀 있던 공간이 외부로 확장되었다.

효자였던 이승만은 아버지가 보내준 편지를 받아보고 어버이를 위로하는 시를 지어 보냈다. "봄소식 머지 않다"는 구절을 통해서 어버이에게 희망을 전해주는 표현이 간결하면서도 함축적이다.

어버이를 위로하며 慰親

두어 장 편지 속에 붓이 두 자루

편지를 받자마자 은혜에 눈물이 앞섭니다.
성정(性情) 함양하라는 가르침 어기고 바칠 술도 없으니
장수하시길 비는 정성으로 시를 지어 올립니다.
옥에 갇혔어도 죄 가벼운 줄 하늘이 아십니다.
임금 섬기는 의리 중하니 효도를 다하기 어렵습니다.
올해는 색동옷 입고 모시지 못하지만
봄소식 머지 않으니 다행입니다.
數幅箋中筆二枝。感恩有淚奉書時。
養情違訓供無酒、獻壽乏誠頌以詩。
繫獄罪輕天有鑑、報君義重孝難思。
今年縱未斑衣侍、惟幸陽春在不遲。

조선시대 감옥은 죄수에게 형벌을 선고하기 전까지 심문하기 위해서 일시적으로 가둬두던 곳이었다. 유배라든가 태형의 선고가 내려지면 형벌이 집행되면서 감옥을 떠났다. 그러나 대한제국 시대의 감옥은 징역을 살던 곳이어서, 몇 년씩 징역을 사는 것 자체가 형벌이었다. 그가 징역을 사는 모습은 『체역집』 마지막 장에 가서야 보인다.

푸른 옷을 입고 노역에 나가다 靑衣赴役

선비가 궁지에 빠지면 글 읽은 걸 후회해
벼슬한 끝에 감옥살이 삼년일세.
철사줄로 함께 묶이니 새로운 정 두터워졌지만
도롱이 입고 삿갓 쓰니 알던 얼굴도 낯설구나.

예부터 영웅의 옷에 이가 있다지만
지금도 나그네 식사에는 고기가 없네.
때가 오면 정신과 만물이 마침내 하나 되리니
차라리 죽을지언정 초심을 지키리라.
士人窮途悔讀書。三年絏縲做官餘。
鐵絲結伴新情密、藁笠逢人舊面疎。
從古英雄衣有虱、而今客子食無魚。
時來神物終當合、寧死壯心不負初。

이 시 뒷장에 '계묘년'이라 쓰여 있다. 계묘년은 1903년인데, 그가 이 시를 지은 것이 1903년인지는 알 수 없지만, 노역하는 모습을 읊은 시를 『체역집』 마지막 장에 편집한 것은 의미가 있다.

그는 시고(詩稿) 첫 장에 "一千九百年 / 庚子春 謄 / 替役集"이라고 써서, 감옥살이를 시작하면서 '체역집(替役集)'이라는 시집 제목을 정해 놓았다. 그가 감옥 안에서 지은 한시를 편집하고 제목을 '체역집(替役集)'이라고 붙인 까닭은 "신체적인 노역[役]을 정신적인 노역으로 바꾸겠다[替]"는 뜻이다. 이 시를 시집 마지막 장에 편집한 것은 정부가 내린 판결에 따라 감옥 안에서 노역하였지만, 나라를 구하겠다는 마음까지 바뀌지는 않았다는 자부심을 보인 것이다. "차라리 죽을지언정 초심을 지키리라"라는 비장한 다짐으로 이 시를 마무리한 것이 그러한 선언이다.

조선시대 시인들은 감옥에 잠시 갇혔다가, 판결이 내려진 뒤에는 처형되거나 유배를 떠나거나 장형(杖刑) 내지 태형(笞刑)을 받았다. 유배 기간은 대개 정해져 있지 않기 때문에, 이 긴 기간을 자포자기하여 세월을 보내는 사람도 있지만, 저술이나 창작에 몰두하는 문인이 많았다.

유배된 시인들이 즐겨 짓는 시의 특징으로는 영물시(詠物詩), 영사시(詠史詩), 화운시(和韻詩)가 많다. 영물시(詠物詩)는 자기 주변의 소소한 사물들에 관하여 집중 탐구하는 시이며, 영사시(詠史詩)는 역사적인 인물이나 사건의 의미를 자신과 연관시켜 되돌아보는 시이고, 화운시(和韻詩)는 역사상 유명한 시인의 시에 집중적으로 화운(和韻)하여 자신을 그 인물과 동일시하는 시이다. 이 모두가 감옥 안에서 시간이 많아졌기에 가능한 창작이면서, 유폐된 자신을 외부와 연결시키는 고리이기도 하다.

『체역집』에도 역사적인 인물을 노래한 시들이 보이지만, 본격적인 영사시는 아니다. 감옥 안의 시인들에게 화운한 시는 보이지만, 두보(杜甫)나 이백(李白), 소동파(蘇東坡) 같이 이름난 시인에게 화운한 시는 보이지 않는다. 이는 감옥 안에 설치된 서적실에 한시집(漢詩集)이 없었던 사실과도 관련이 있다. 『평산냉연(平山冷燕)』이라는 소설과 연관된 시를 많이 지었지만, 그 주인공의 시가 뛰어나서 차운한 것이 아니라 이 소설을 소재로 하여 이유형의 시에 화운한 것이다. 감옥 안 서적실에 시집은 없고, 소설도 『평산냉연(平山冷燕)』과 『구운몽(九雲夢)』 밖에 없다보니 그나마 한시가 많이 실린 『평산냉연(平山冷燕)』이 시의 소재가 되었을 뿐이다.

『체역집』에 실린 시의 순서를 보면 까치[鵲], 촛불[燭], 이불[衾], 눈[雪], 학[鶴], 바둑[棋] 등에서 어부[漁夫], 나무꾼[樵夫], 술꾼[酒徒], 노래하는 기생[歌妓], 춤추는 기생[舞妓] 등을 거쳐 검은 삽살개 [靑尨], 눈과 달[雪月], 소[牛], 호랑이[虎], 원숭이[猿] 등으로 사물을 소재로 한 시들이 계속 이어진다. 물론 이러한 소재들은 다른 시인들의 시에도 흔하게 등장한다.

그러나 벼룩[蠐], 곶감[乾柿], 거미[蜘蛛], 모기[蚊], 빈대[蝎], 벌[蜂], 나비[蝶], 매[鷹], 바둑[棊], 잠자리[蜻蜓], 이[虱], 쥐[鼠] 등으로 이어지는 영물시에 이르면 이야기가 달라진다. 비슷한 부류의 제목이 계속 이어지는 것을 보면 아마도 어느 한 시기에 영물시를 집중적으로 지은 듯한데, 이승만의 관심이 외부 공간에서 내부 공간으로, 큰 것에서 작은 것으로 옮겨졌음을 알 수 있다. 아마도 자기를 못 살게 구는 벼룩이나 빈대를 미워하다가 그들의 생태를 탐구하겠다고 나선 것이 아닐까. 물론 시간이 많은데다가 다른 행동에 제약을 받다보니 자신을 못 살게 구는 벌레나 창 밖에 날아다니는 곤충들에게 눈길을 주었을 것이다.

모기 蚊

살쪘는지 말랐는지 어둠 속에서 탐색하다가
하늘이 보는 게 무서워 밝으면 숨네.
나그네 잠자는 밤 침상에서 한창이더니
가을바람 불어오자 늙은 스님의 암자 신세일세.
주렴 밖에 달이 지면 천백 마리 앵앵대다가
부채[19] 휘두르면 약한 바람에도 두세 마리는 맞네.
어느새 바뀐 염량에[20] 대한 처세가 너무 빠르니
너 같은 성품 타고난다면 정말 부끄럽겠지.
肥瘠能從暗裏探。畏明自是畏天監。
聲勢夜高眠客榻、生涯秋淡老禪菴。
珠簾落月喧千百、紈扇微風拍兩三。
居然身世炎凉薄、賦性如君也有慙。

---

19) 환선(紈扇)은 흰 깁(고운 명주)으로 만든 부채이다.

20) 염량(炎凉)은 염량세태(炎凉世態)를 뜻하니, 권세를 따르고 가난을 멸시하는 경박한 세태를 가리킨다. 더우면 물러나고 추우면 몰려드는 것에 비유했다.

『체역집』에서 이승만을 못 살게 구는 간수 이야기나 심하게 고문을 당했다는 하소연은 보이지 않는다. 대한제국의 근대식 법원에서 재판받은 데다가 김영선같이 호의적인 감옥서장이 부임했기 때문에, 그는 감옥생활을 증오의 공간보다는 독서와 집필, 교육 등의 공간으로 인식하였다, 아마도 그를 육체적으로 끊임없이 괴롭힌 것은 전근대의 무자비한 고문보다는 무더위와 추위, 그리고 벼룩, 모기, 빈대, 이같이 몸에 달라붙어 피를 빨아먹는 체외 기생충들이었을 것이다.

그는 자신의 피를 빨아먹는 모기를 증오하는 것이 아니라, 오히려 연민의 눈으로 바라보고 있다. 밝으면 숨는 존재이고, 가을바람이 불면 힘을 못 쓰는 신세이며, 부채만 휘둘러도 맞아 떨어진다. 어느 구절에도 모기 때문에 괴로움을 당한 증오나 푸념은 보이지 않는다.

영물시(詠物詩)는 기본적으로 사물을 읊은 시이며, 시인이 사물을 바라보는 태도가 나타나는 시이다. 따라서 보편적인 영물시는 표현 대상인 사물을 사실적으로 그려내는 데 충실하기도 하지만, 대개는 작가가 대상이 지닌 상징적 의미를 활용하여 자신이 나타내고자 하는 작의를 보다 심도있게 묘사하는 데에 의의가 있다.[21)]

그에게는 신변의 소소한 사물들이 모두 정서적 체험의 대상이자 감정을 교류하는 창작 소재가 되었다. "어느새 바뀐 염량에 대한 처세가 너무 빠르니, 너 같은 성품 타고난다면 정말 부끄럽겠지."라는 구절에서 모기를 처세술이 능란한 사람으로 인식하고, 자신은 그렇게 살지 않겠다고 다짐하는 모습을 보여준다.

감옥 안에 정치범들과 함께 갇혔기 때문에, 화제는 당연히 정치개혁이었

21) 임미정, 「송곡 이서우의 시문학 연구」, 연세대학교 대학원, 2007, 109쪽.

을 것이다. 이유형에게 지어보낸 화운시에서 그런 모습을 엿볼 수 있다.

백허의 팔조시에 화답하다 和白虛八條詩

정치하려면 먼저 이웃 나라부터 잘 사귀어야 하고
일이 생기면 마땅히 통달한 분께 물어보소.
나라 걱정엔 세력이 고립되는 것을 경계하고
국민을 이끌어 자유로운 몸이 되게 하소.
뒤처지는 것을 겁내어 옛것에 매이지 말고
좋다고 생각되면 새것이라 싫다 마소.
준재와 영재 교육이 지금 가장 급하니
군병 기르는 것은 전쟁을 막을 정도면 된다오.
圖治先在篤交隣。臨事當問達變人。
憂國戒存孤立勢、導民務作自由身。
法僞恐後無泥舊、從善爭前莫厭新。
教育俊英今最急、養兵惟止壓邊塵。

〈팔조시(八條詩)〉는 나라를 개혁하기 위한 여덟 조목의 강령을 시 형식으로 표현한 것이어서, 한 구절 한 구절이 하나의 강령이다. 팔조(八條)는 복잡 다단한 내용을 여덟 조목으로 간추렸다는 뜻인데, 기자(箕子)가 은(殷)나라가 망한 뒤 우리나라로 와서 범금팔조(犯禁八條)를 시행했다고 하거니와, 『대학(大學)』에서도 이상적인 통치자로서 갖추어야 구체적 덕목을 격물(格物), 치지(致知), 성의(誠意), 정심(正心), 수신(修身), 제가(齊家), 치국(治國), 평천하(平天下)의 팔조목(八條目)으로 요약하였다.

이유형의 문집이 남아 있지 않아서 그가 지은 〈팔조시(八條詩)〉 원운(元韻)을 확인할 수 없지만, 이승만의 화운시와 크게 다르지는 않았을 것이다. 첫 구절의 교린(交隣)은 이승만의 외교정책을 연상케 하며, 자유로운 국민, 개혁, 군사력보다는 교육을 강조하는 새 나라를 이들은 꿈꾸었다.

『체역집』에서 이승만이 1903년 9월 15일 이후에 지은 한시는 보이지 않는다. 그는 1903년 4월 20일부터 신영한사전을 편찬하고 있었는데, 1904년 2월 19일에 사전 편찬 작업도 중단하였다. 『독립정신』 서문에 의하면, 1904년 2월 러일전쟁 발발 소식을 듣고 충격을 받아 영한사전 편찬작업을 일단 중지하고 2월 19일부터 『독립정신』을 저술하기 시작하였다고 한다. 한시(漢詩) 창화(唱和)도 자연히 중단되었으며, "우리 민족의 멸망을 예방하기 위해 낡아빠진 절대군주제 대신 인민들에게 일정한 정치적 자유를 허용하는 입헌주의 정부를 도입할 필요성을" 국민들에게 설득하는 글을 쓰기 시작한 것이다. 〈팔조시(八條詩)〉는 그 예고편이었던 셈이다.

4. 번역의 특징

필자는 2007년에 연세대학교 현대한국학연구소로부터 이승만 한시전집 번역을 의뢰받았다. 번역 대본은 『梨花莊 所藏 雩南李承晚文書 東文篇 第二卷』에 실린 필사본 『替役集』과 어느 한학자가 입력한 탈초본이었다.

이미 나와 있는 번역본과 변별되는 번역본을 만들기 위하여 기존 번역서를 찾아보니 3종이 있었다.

*** 이은상(李殷相) 역, 『雩南詩選』, 공보실, 1959**

이승만이 필사본 『체역집』 이후에 지은 한시 31수의 원문과 번역이 실렸다. 필사본 『체역집』이 번역 출판된 적이 없는데도 그 이후의 시만 번역한 것을 보면, 이때 이미 『체역집』의 번역이 시작된 듯하다. 같은 칠언절구라도 작품에 따라 네 구절 또는 여덟 구절로 번역하였는데, 시인답게 음보율(音步律)을 느낄 수 있게 번역하였다. 그러나 이승만의 휘호(揮毫)를 탈초하는 과정에서 틀린 글자가 자주 보여서, 번역에도 틀린 부분이 보여 아쉽다.

*** 신호열(申鎬烈) 역, 『替役集 乾』·『替役集 坤』, 동서출판사, 1961.**

윤치영(尹致暎)이 쓴 발문에 의하면 120편이 실렸는데, 필사본 『替役集』과 순서가 다르고, 다 실리지도 않았다. 『替役集 坤』 중간부터는 필사본 『替役集』 이후에 지은 한시도 실려 있다. 『雩南詩選』보다 원문이나 번역문이 정확하다.

이승만은 4.19혁명 이후 하와이로 망명한 뒤에는 한시를 짓지 않았는데, 신호열이 번역하여 1961년 4월 5일 동서출판사에서 간행한 국역 『체역집』 속표지 글씨는 이승만 본인이 직접 붓으로 썼다. 1961년 3월 1일 망명지인 하와이에서 쓴 글씨이다. 자신의 정치적인 고향 하와이로 말년에 망명하여 삼일절을 보내는 감회가 이 글씨에 담겨져 있다. 이 글씨야말로 또 하나의 '체역(替役)'인 셈이다.

*** 이수웅(李秀雄) 역, 『이승만 한시선』, 배재대학교출판부, 2007**

이승만의 생애를 독립협회, 옥중 시기, 독립운동 시기, 건국 시기, 6.25전쟁 이후의 다섯 시기로 나누고, 평생 지은 시 160편을 수집 번역하여 「이승만 연구총서」 제2권으로 출판하였다. 역자는 서문에서 "이 책은 『체역집』,

『우남시선(雩南詩選)』, 『우남이승만박사서집(雩南李承晩博士書集)』에 있는 시들을 묶었다"고 출처를 밝혔다. 문장이 새로워졌지만, 필사본 『替役集』과 대조하지 않고 번역하여 아쉬운 점이 있다.

이 세 가지 번역본과 다른 책을 만들기 위해, 몇 가지 다른 점에 주력하였다.

문장(文章) : 노산(鷺山 이은상)이나 우전(雨田 신호열)은 당대 최고의 시인이나 번역자여서 이분들의 번역 자체에 대하여 거론하는 것 자체가 미안하지만, 이미 오륙십년이 지난 번역본이어서 현대 독자들에게 쉽게 읽혀지는 문장은 아니다. 그래서 가능하면 원문을 손상시키지 않는 범위 내에서 쉬운 문장으로 번역하려고 애썼다. 다섯 자 내지 일곱 자로 된 한 구절의 글자들을 모두 번역하여야 옳지만, 교육용 언해(諺解)가 아니기 때문에 이따금 한두 글자가 번역에서 빠진 경우도 있다.

각주(脚注) : 노산(鷺山)이나 우전(雨田) 같은 대가들은 어린 시절에 수많은 고전 문헌들을 외워서 공부했던 분들이기 때문에, 번역할 때에도 사전을 거의 찾지 않고 기억에 의지해서 번역했으며, 대부분 자신들이 알고 있는 고사(故事)들이기에 거의 각주를 달지 않았다. 그러다보니 기억이 원전과 한두 글자 달라지는 경우도 있고, 독자가 알고싶은 부분에 설명이 미진하기도 하였다. 필자의 번역은 독자 입장에서, 독자가 알고 싶어하는 부분을 보완 설명하는 것에 힘썼다.

압운(押韻) : 『체역집』에 실린 시들은 대부분 감옥이라는 현장에서 즉흥적으로 지어졌다. 아마도 이유형이 먼저 시를 읊으면 이승만이 그 운(韻)에 따라서 읊었을 것이다. 손으로 글자를 쓰기 전에 입으로 읊은 시이기 때문에, 운(韻)이 맞았다. 운이 틀렸다면, 읊다가 곧바로 알았을 것이다. 화운시(和韻詩)가 상당히 많은데, 이런 경우에는 더욱 압운(押韻)이 중요하다. 따라서 한시 원문을 입력하면서 운자(韻字)에는 。 부호를 표시하여, 독자들이 어느 글자가 운자(韻字)인지 알기 쉽게 편집하였다. 운을 모르는 독자라 하더라도, 이승만이 한시를 지으면서 얼마나 압운을 철저하게 지켰는지 한눈에 알 수가 있다.

2008년에 번역원고를 제출하였지만, 현대한국학연구소가 이승만연구원으로 체제를 전환하는 과정에서 「우남 이승만 전집」을 기획하고 제5권에 『체역집』을 배정하다보니 출판 시기가 상당히 늦춰졌다. 그 사이에 이승만 한시 번역본이 한 가지 더 출판되었다.

*** 박기봉 편역, 『우남 이승만 漢詩集』, 비봉출판사, 2019**

이 번역본은 제목에 '한시집(漢詩集)'이라고 밝힌 것만 보아도 알 수 있듯이, 이승만이 지은 모든 한시를 수집하여 번역하고, 여섯 시기에 나누어서 편집하였다. 편역(編譯)이라고 밝힌 것처럼, 여러 자료를 수합하여 지금까지 나왔던 이승만 한시선집 가운데 가장 많은 작품이 실렸다. 그러나 필사본 『체역집』에 실려 있지 않은 시들까지 "원래 어디에 실렸던 것인지는 현재로서는 확인할 수 없으나 분류의 편의상 일단 이곳에 싣는" 아쉬움이 있다. 그럼에도 불구하고, 『충무공이순신전서』나 『삼국연의』를 번역 출판했던 전문가답게 상세한 주석을 붙여 번역한 노작이다.

2008년에는 이승만한시 전집을 출판하기 위해 전체 작품을 함께 번역하여 제출하였지만, 이승만 한시의 출전을 분명히 구분하기 위해 올해에는 번역 원고 가운데 필사본 『체역집』의 번역본만 출판하기로 한다. 현재까지 어느 번역시선집에도 소개되지 않았던 이승만 친필 한시들을 포함한 나머지 번역본은 다음 권에 출판하고자 한다.

5. 맺음말: 생활 속의 시인 이승만

젊은 시절에 한시를 배웠던 이승만은 노년기에도 일상생활 속에서 자연스럽게 시를 지었다. 그는 1950년대에 대통령으로 있을 때에 이따금 비서관들에게 "여보게, 요새 내가 잠이 잘 안 오네" 하며 창경궁 장서각에 가서 당나라 시인들의 시집과 기타 한문 서적들을 빌려오도록 하였다. 당시 장서각의 한적 담당자는 대통령이 도서대출을 신청하면 반드시 대출일자와 대출인을 기록한 다음에 책을 내주었다고 한다.[22] 한시 읊기와 짓기는 노년에 이르기까지 그에게 생활의 일부분이었다.

현재까지 200여 편 남아 있는 시들을 시기별로 구분해 보면, 도동서당 시절, 한성감옥서에서의 수형생활 시절, 상해 임시정부와 미국에서의 독립운동 시절, 건국기 및 대통령 재임 시절 등 크게 4기에 걸쳐 지은 것들이다. 이 중 제1기 도동서당 시절에 『시전』 공부에 매달리며 가장 많은 시를 지었을 것으로 보이나, 과거시험 공부를 위해서 열심히 연습했을 과시(科詩)가 한 편도 남아 있지 않은 점이 아쉽다.

갑오개혁 이후에 과거제도가 폐지되었으므로, 많은 청년들이 한문공부

22) 1993년 2월 3일 이인수박사와 윤자경(尹字景)씨의 대담 녹취록.

를 중단하고 신학문을 배우기 위해 배재학당에 입학하였다. 이승만도 상투를 자르고 영어를 비롯한 신학문에 전념하였지만, 한시 짓기는 계속하였다. 망명지 미국에서 영어로 생활하였지만, 그가 지은 영시가 발견되지는 않았다. 당시 영어로 기록한 일기에 한시가 1수 보이는 것을 보면, 한시는 여전히 그의 생활이었다.

그가 한 글자를 가지고 갈고 닦은 전문적인 시인은 아니었지만, 감옥 안에서 영어 책을 번역하거나 집필하면서 3년 반 동안 틈틈이 한시를 200수 가까이 지은 것을 보면, 그가 생활 속의 시인이었음은 분명하다. 이 생활 속의 한시에서 20대 청년 이승만의 꿈과 고뇌, 그리고 탄식을 엿볼 수 있다.

독립운동과 건국과정, 대통령 재임 기간을 통하여 생활 속의 한시가 정치 현장의 한시로 외연을 확장하는 모습은 다음 권의 한시들에서 볼 수 있을 것이다.

색인

※ 감옥 안에서 지은 시들을 편집한 시집이기 때문에, 옥, 또는 감옥이라는 단어의 색인은 작성하지 않았다. 주로 인명과 지명, 국명, 서명, 관직 등을 작성했으며, 꽃 경우에는 이 시기 이승만에게 의미가 있었던 꽃들을 작성하였다. 색인 각주는 작성하지 않았다. 어떤 단어를 많이 사용했는지만 보아도 이 시기 그의 관심사를 짐작할 수 있다.

(ㅇ)

발간위원

고문

김동길(연세대)
김영수(우남소사이어티)
김진현(세계평화포럼)
김현태(인하대 총동창회)
안병훈(서재필기념회)
양동자(미국 이승만대통령기념연구교육재단)
유영익(연세대)
이건수(한미동맹재단)
이인수(우남유족대표)
이종찬(국립대한민국임시정부기념관건립위원회)
정성구(한국칼빈주의연구원)

위원장

이규학(인천제일교회)

위원

김규열(신세계교회)
김기영(인천제일교회)
김기원(인천제일교회)
김길호(안양교회)
김낙환(기독교대한감리회)
김덕부(목포제일교회)
김동현(대전제자들교회)
김동현(은평교회)
김성용(전주노송교회)
김영길(신양교회)
김인기(일산신광교회)
김재동(하늘교회)
김재명(천안신광교회)
김종복(대구소명교회)
김준호(천안대성교회)
김지탁(하늘만나교회)
김찬호(은혜교회)
김창연(부천생명의교회)
김홍록(내동교회)
나광호(포천교회)
남중용(신광교회)
노인우(태장교회)
문 억(삼선교회)
박경진(꽃재교회)
박남웅(고양영광교회)
박삼열(송월교회)
박삼열(주문진교회)
박상열(인천제일교회)
박상칠(춘천신성교회)
박용진(복지교회)
박용호(이리영생교회)
박종규(인천제일교회)
박종호(제주중앙교회)
박헌철(진천제일교회)
백용현(대전한빛교회)
변종태(천안신부교회)

변창갑(시온교회)	서석근(강릉반석교회)
서영석(인천제일교회)	서 철(상동교회)
손신철(인천제일교회)	송기성(정동제일교회)
송기영(대원교회)	송현순(화도교회)
신용대(하늘꿈교회)	양광옥(청수교회)
양명환(횡성교회)	엄기호(성령교회)
여상호(송해교회)	여우훈(서강교회)
오종설(홍성제일교회)	원성웅(옥토교회)
유영화(여장로회전국연합회장)	윤보환(영광교회)
이건영(인천제2교회)	이규화(하북교회)
이상규(평해교회)	이원재(남산교회)
이제일(인천제일감리교회)	이종일(광주제일교회)
이준구(화도시온교회)	이 철(강릉중앙교회)
이충호(동인천교회)	이하일(신정교회)
임성환(예람교회)	장석동(인천제일교회)
장호성(장로회전국연합회장)	전태규(서광교회)
정경석(철원엘림교회)	차광일(하늘비전교회)
차장현(부곡장로교회)	최광혁(장안원교회)
최규식(숭의교회)	최범선(용두동교회)
최병돈(선교교회)	최병철(교회학교전국연합회장)
최상열(청장년선교회전국연합회역대회장)	최승균(신천교회)
최신성(계산중앙교회)	최호규(부천제일교회)
태동화(영등포교회)	피기영(예수생명교회)
하관철(상천교회)	황관하(하늘만나교회)
황규호(만수중앙교회)	

강진숙(T2025)	강홍구(태평양시대위원회)
곽명근(배재학당)	권제임스(미주한인역사연구소)
김길자(대한민국사랑회)	김신환(뉴욕 교포)
김용삼(펜앤드마이크)	김인복(서울YMCA)
김효선(건국이념보급회)	남정옥(박정희대통령기념재단)
박석홍(대한언론)	박정태(굿모닝북스)
윤덕순(지방의회발전연구원)	이경식(자유언론수호국민연합)
이석하(서울YMCA)	이애란(자유통일문화원)
이영일(한중정치외교포럼)	이준우(한울회계법인)

인보길(뉴데일리)
조광현(동하산업개발)
조병욱(국가원로회의)
조혜자(유족)
최병설(대원실업)
최송옥(우남관 기증자)
최응표(한국사 바로 알리기 미주본부)

강규형(명지대)
강대종(이승만학당)
김권정(대한민국역사박물관)
김기조(전 외교부)
김명구(서울YMCA)
김명섭(연세대)
김성호(연세대)
김시덕(서울대 규장각)
김영명(한림대)
김용직(성신여대)
김용호(경희대)
김정배(휘문의숙)
김학은(연세대)
김학준(단국대)
남종우(인하대)
남창희(인하대)
류석춘(연세대)
박명수(서울신학대)
손세일(언론인)
신복룡(건국대)
신현한(연세대)
안도경(서울대)
양동안(한국학중앙연구원)
양승태(이화여대)
오영섭(전 연세대)
오일환(한양대)
우철구(영남대)
이기수(고려대)
이덕희(하와이한인이민연구소)
이상규(고신대)
이영훈(서울대)
이인호(서울대)
이정은(3 · 1운동기념사업회)
이주영(건국대)
이택휘(서울교대)
이철순(부산대)
이한우(논어등반학교)
정경희(전 영산대)
정윤재(한국학중앙연구원)
정인섭(서울대)
정진석(한국외국어대)
조성훈(군사편찬연구소)
주익종(이승만학당)
차광은(차의과학대)
최연식(연세대)
함재학(연세대)
허경진(연세대)
허동현(경희대)
홍선표(나라역사연구소)
홍승기(인하대)
홍용표(한양대)

『우남 이승만 전집』이 완간될 때까지 더 많은 분들이 발간위원으로 동참해 주시기를 부탁드립니다.

■ 이승만건국대통령기념사업회

회 장 신철식
명예회장 이기수
상임고문 김동길 김문수 김선도 박관용 신경식 신영균 안병훈 이성재 이인수 이홍구 인보길 정원식 제재형(고) 조병욱 최상준 최송옥 탁재용
사무총장 문무일 나종성
이 사 강효상 김명섭 나종성 문무일 박승호 백노현 이 호 장동복 정도원 정준영 채정석 최우영 한기서
감 사 김주태

『우남 이승만 전집 5 : 체역집』 발간에 즈음하여

2019년 봄 우남 이승만 전집 발간위원회는 이승만 대통령 탄신 제144주년을 기념하여 『우남 이승만 전집』 제1차분 세 권을 출판하였습니다. 이 책들은 청년 이승만의 독립사상과 기독교사상이 집약되어 있는 소중한 책들입니다. 이로써 우리는 대한민국 임시정부 대통령과 대한민국 초대 대통령을 지낸 이승만 박사를 기리기 위한 뜻깊은 사업의 첫걸음을 내딛었습니다. 이제 제2차분으로 1900년 옥중에서 저술하고 편역한 『청일전기』, 프린스턴대학 박사논문인 『미국의 영향을 받은 중립』에 이어서 한성감옥서에서 지은 한시들을 모은 『체역집(替役集)』을 발간하게 되었습니다.

우리 발간위원회가 추진하고 있는 『우남 이승만 전집』 간행사업은 일평생 주권의 독립과 보전, 그리고 나라의 번영을 위해 헌신한 이승만 박사의 숭고한 생애에 보답하기 위한 것입니다. 이 사업은 기독교가 개인 구령(救靈)에 그치는 것이 아니라 한국을 구원할 수 있다고 굳게 믿고 활동한 우남 이승만의 애국적 생애를 널리 알리기 위한 후대의 작은 정성입니다. 발간위원회는 이 사업이 대한민국의 역사를 제대로 복원하고 미래의 희망찬 역사를 개척하는데 밀알의 역할을 다할 것으로 확신하고 있습니다.

발간위원회는 『우남 이승만 전집』 제2차분을 펴내는 과정에서 많은 분들의 도움을 받았습니다. 우남의 유족인 이인수 박사님 내외분을 비롯하여,

한미동맹재단의 이건수 이사장님, 이승만건국대통령기념사업회의 신철식 회장님, 인하대 동문회의 김현태 회장님과 남종우 명예교수님, 미국에 계신 양동자 전 하워드대 총장님 등 각계 인사들과 송기성 목사님, 하관철 목사님을 비롯한 여러 목사님들과 장로님들, 그리고 교회 직분자들께서 아낌없는 격려와 후원을 해 주셨습니다.

이번에 『우남 이승만 전집 5 : 체역집』을 발간하기 위해 여러분들이 수고를 해 주셨습니다. 이승만의 한시를 번역하고 해제해주신 허경진 교수님을 비롯하여 전집 발간 사업을 총괄하고 있는 연세대학교 이승만연구원 김명섭 원장님을 비롯한 연구진에게 감사의 말씀을 전합니다.

2020년 12월

우남이승만전집발간위원회를 대표하여

이 규 학 감독(Bishop)

간행사

『우남 이승만 전집』 중 한 권으로 우남이 한성감옥서 수감 중에 지은 한시들을 모은 『체역집』을 간행합니다. 허경진 교수님의 역주와 해제의 노고에 감사드립니다.

대한민국 도서관들에 김일성 전집과 박헌영 전집은 비치, 열람되고 있는 자유로운 현실에서 이 책을 비롯한 『우남 이승만 전집』의 발간이 늦게나마 시작될 수 있었던 데는 여러분들의 격려와 도움이 있었습니다. 이승만의 공을 소중하게 생각하는 분들은 물론 그의 과를 더 기억하는 분들도 그의 저작이 지닌 문화재적 가치를 인정하고 도움을 주셨습니다.

우남의 유족들(이인수, 조혜자, 이병구)께서는 저작권 양도계약을 통해 전집 발간을 맡겨 주셨습니다. 최송옥 여사께서는 1996년 부암동 저택을 연세대학교에 기증하셔서 전집 발간을 위한 연구 및 사무공간으로 활용되게 해주셨습니다. 이승만연구원의 전신인 현대한국학연구소가 창립될 때 삼성그룹의 이건희(故) 회장께서는 연구원 설립기금을 출연해주셨습니다.

이규학 발간위원장님, 한미동맹재단 이건수 명예이사장님, 미국 The President RHEE Syngman Foundation, Inc.의 양동자 이사장님, 이승만건국대통령기념사업회(회장 신철식), 우남소사이어티(회장 김영수), 정동제일교회(담임목사 송기성), 뉴데일리(인보길 대표), 서울YMCA(이사장 김인복, 전 회장 이석하, 현 회장 조규태), 인천제일교회 성도님들, 직장실업인선교회(연세중앙교회)와 대한역사문화원(원장 김재동), 김현태 회장님과 남종우 인하대 명예교수님, 이준우 회계사님과 조광현 대표님, 정혁진 대표님, 김정배 이사장님, 김길자 총장님, 박명수 교수님, 양주현 회장님, 강대종 선생님, 이응찬 장로님, 박상열 장로님, 윤덕순 고문님, 문억 장로님, 박성만 장로님, 이현구 대표님, 방수희 선생님, 그리고 익명의 여러분들을 기억하고 감사드립니다.

이승만과 그의 시대를 연구하는 세계 유일의 학술연구기관으로서 연세대학교 이승만연구원이 존속할 수 있었던 데는 송자(故), 김병수, 김우식, 정창영, 김한중, 정갑영, 김용학 역대 총장님들과 서승환 총장님을 비롯 조병욱 동문회 부회장님과 보직교수 여러분들의 지속적인 관심과 도움이 있었습니다. 연세대 이승만연구원의 전신인 연세대 현대한국학연구소 창립소장이신 유영익 교수님을 비롯하여 김기조 대사님, 이인호 교수님, 뉴욕의 김신환 장로님은 귀중한 도서들과 조언, 그리고 도움을 주셨습니다.

연세대학교 이승만연구원의 운영위원과 감사로서 함재학(법학전문대학원), 김성호(사회과학대학), 여인석(의과대학), 신현한(경영대학) 교수님들께서 수고해주셨습니다. 출판과정에서 수고한 연세대 정치학과 박현우 박사과정생, 연세대 이승만연구원 유지윤 간사, 김정민 조교, 한서영 조교, 그리고 김성수 주임을 비롯한 연세대 대학출판문화원(원장 하경심) 소속 여러분들의 헌신 또한 이 전집과 함께 길이 기억될 것입니다.

불멸과 무오의 하나님만을 섬기며 어떤 우상화도 거부하는 기독교정신에 따라 세워진 연세대학교를 통해 다시 햇빛을 보게 되는 우남 이승만의 저작들이 가능한 무오하게 출판되어 시대적 공과를 함축한 불멸의 문화재로 남을 수 있기를 기원하며 독자 여러분들의 많은 관심과 격려를 부탁드립니다.

2020년 12월

연세대학교 이승만연구원장

정치외교학과 교수 김 명 섭

역주 및 해제자

허경진(許敬震, Kyoungjin Hur)

연세대학교 연합신학대학원 객원교수. 열상고전연구회 회장 역임. 『허균평전: 시대를 거역한 격정과 파란의 생애』, 「한국 고전문학에 나타난 기독교의 편린들」 등 저서 10여권, 『삼국유사』, 『서유견문: 조선 지식인 유길준 서양을 번역하다』, 『매천야록: 지식인의 눈으로 바라본 개화와 망국의 역사』, 『손암 정약전 시문집』 등 역서 50여권.

우남 이승만 전집 5

替 役 集

영인본

3 替役集

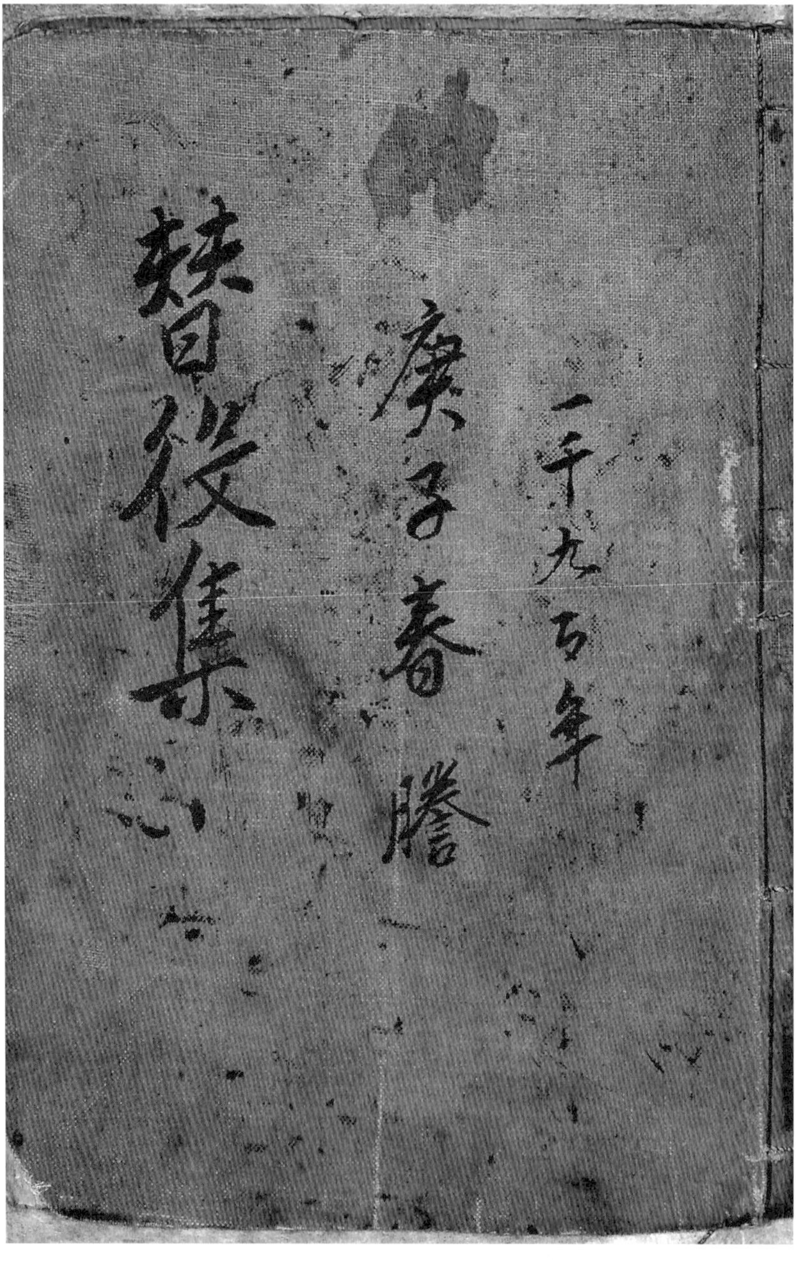

牢中作　與李侍從裕馨號白虗共賦

秋後晩菊

秋盡鄕園旅恨長今年黃菊已參商酒續龍山遙幾
晩徑荒栗里爲誰香緣經風霜高節見偏承雨露晩
榮將一朶孤高能自傲繁華桃李只尋常

次平山冷燕白鸞詩韻

前身王母舊依稀羽翼人間執鼓非晉代只誇丹頂
艶趙姬還妬雪膚肥飛拂梨花渾素影點飄柳絮滿
霜衣舊巢春社年〻客白帝城中尚未敀

喜鵲

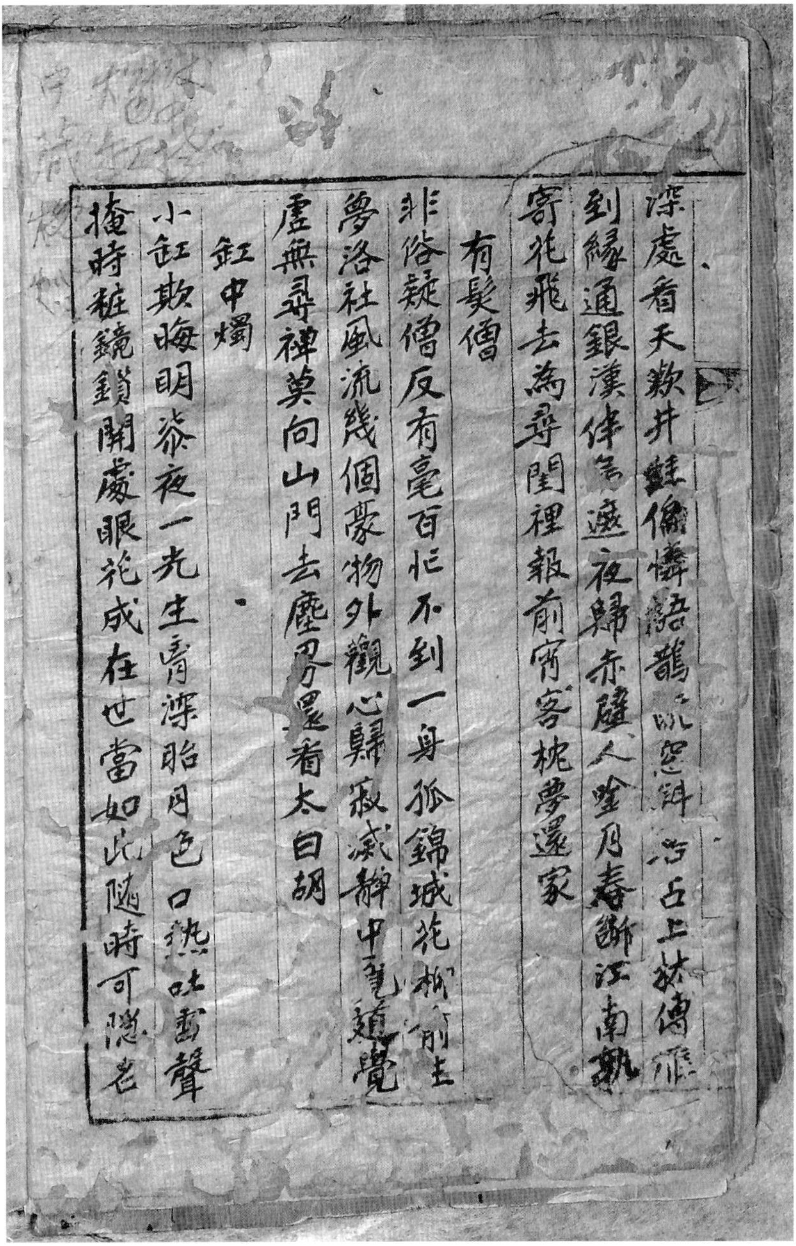

深處看天歎井蛙儔儔語龍泓窓詩汚占上林傳雁
到緣通銀漢俘舍遙夜歸赤壁人望月春斷江南熱
寄花飛去爲尋閨裡報前宵客枕夢還家

有髮僧

非俗疑僧反有毫百忙不到一身孤錦城花柳前生
夢洛社風流幾個豪物外觀心歸寂滅靜中眞趣覺
虛無尋禪莫向山門去塵界還看太白胡

缸中燭

小缸欺晦明恭夜一光生膏滲胎月色口熱吐雷聲
捲時粧鏡鎖開處眼花成在世當如此隨時可隱老

7 替役集

2.

官衾

囹圄感 聖明衣被及吾生迫歲窮囚處終宵戀聽

聲着身寒衾減掩面汗珠成爲防風霜惻 君恩不

可名

雪

一夜寒生雪滿枝開窓驚覺化工奇瘦梅減色山禽

語眠鶴藏痕客不知風度園林花爛熳月明樓閣玉

幾差題詩欲記淸狂興孤棹山陰訪友時

國慶

文武爭趨庶子來明時落拓愧無才山城霽色梅蘇援

晋祥雲孕日吐新肜澤及藍寃民頌〻〻榮祿宗社
帝休哉微誠不與呼嵩列依北悵望意欲仄

落照

萬古人生老此間天涯回首鳥空還影薄螢堂晏白
髮先催粧鏡惜紅顔一村烟合蘆花水半面秋明寺
葉山客子未敢今又暮征雲何處是鄉關

列國交行

疆域交通路萬條連天冠蓋日飄〻海接戶牖同月
燭電馳車轂共紅橋兵機盡奪太公妙人物爭誇西
子嬌虎視眈秦何足患六鷄聯翩并翺〻

驟雨

白晝羣山晦薄言綠蛙俄報兩三番條焉一陣歸城市頃刻千箭射海門東里已漂儒子麥西疇爭破野人樽風雷萬壑掀天地鷩鳥紛〻過短垣

畫鶴

畫壁春深倦聽時棊聲琴韻拖相宜魂尋鷗鷺歸長渚羞伴鵞鵝浴暖池蘇子舟中應有夢龍眠筆下更多私先生別後梅俱老幅裏形容雪滿肩

圍棋　聯句排律

高堂夏日長對局送年〻光落子零星〻敵奇謀秋水凜

自存然後戰交敵此中一忙時睹山陰墅秋深橘裡香
長沙雁陣結邊路馬飛藏樵客爛柯曾杜妻畫紙商
輸贏尋勢去起伏察機詳圖處金蛇走疑將木稼粧
東聲西擊意中斷外應量隨指花千點終拚石一場
兵驕還見敗神護却嫌佯得失看蠻蜀假真笑宋襄
無聲談盡日敵手坐斜陽一局風塵變兩家士卒強
仙關何處是相對水雲鄉

烟

萬戶日斜時依〻擁樹枝臨溪殘霧度繞谷晚霞遲
濃綠藏疎柳低飛鎖短籬隨風散復合凝水接還離

忽失當簾齒薄如屬日絲霽籐添活色夕後惹幽思
煮茗斜青篆燒爐擊紫岐齊洲九點遠漢燭五家移
潭月微拖影渚雲暗共儀過梅疑白雪穿竹倒平池
花裡迷蜂勢條間翳鳥翅直行無曲路高出有低期
輕薄須臾盡香淡許久知樊桐琴氣化焚石玉精悲
世態終如此幼奇最不宜

漁父

人間萬事餘歸釣舊磯魚蹤跡江湖隱生涯煙雨疎
一樽山影碧孤帆月光虛鷗鷺同尋約岩雲也并居
寒楓霜滿後晚荻露凉初曲罷滄浪靜夢醒暮汐墟

可師嚴七里與子屋三間白日竿頭盡斜風篇所如
興已付笑指窮達任居諸入鄭非跳膽適齋不記書
丈人蘆外宿儒子灘邊茹名利尋常夢嗟呼富貴墟
衣簑猶勝錦駕艇欲忘車欸乃聲中趣何如雪草蘆

樵夫 七絶二首

滿山落木一擔秋背上西風葉語流石徑招提斜日
下林煙起處有書樓
爛柯山上幾經秋偶到棊園歲月流樵笛數聲騎犢
去白雲咫尺是仙樓

酒徒 聯句排律

醉看秋雁落長沙何事賈生感慨多尋律高陽長嘯
發與君趙北丈霞遐三盃擊卓寒楓話一劍論心白
日斜共飲山東長揖客相逢薊北寸心家淋漓不是
耽盃久磊落其於知己何宇宙英雄歌不遇江山行
李哭奢遨雲安美味紅潮漲漢水春光綠鴨嘉肝膽
輪囷相許與鯨籌交錯莫嫌賒秋風蕭瑟斬鈍劍豪
興道遙荷鍤車壺裏乾坤忘甲子人間何處種桑麻

歌妓

巧傳鶯語轉鶯歌幽谷溪花暗送波曲罷空庭蕉雨
歇韻清潑院竹風過一生慣耳惟絃管四座斷腸盡

綺羅學得瑤池離别謁戞然聲裏白雲多

鷄 聯句排律

樹末日將西下山一兩鷄花園閒飲啄草徑逐高低
雄羽鳳儀宛雌翅雉色齊曉窓醒客夢夜戶報人迷
得意孟嘗出寧為季子提稻塲鬪百戰竹塲見同棲
四境聲中達六隣關外啼春田將衆子朝粟喚諸妻
佛石夜聽木武侯午作泥晝鳴閒水舍晨喔繞城堤
花冠臙戴項竹葉雪成蹄

舞妓

佳姬名舞擁笙歌輕薄桃花逐隴波翻愛蝶翅風外

倒閃疑鶴影月中過送眸嬌態頻窺扇滿臉羞痕故
掩羅雙袖翩翩如羽化分明仙子美人多

呼韻 二首

有蚕樊衣歎無魚彈鋏悲空懷杞國慮心緒亂如絲
櫪驥思長路籠禽憶舊林禁中寒十月盡日擁重衾

讀平山冷燕有懷

幾個龍姿與鳳儀千秋錦繡四才兒文君并對而今
見太白雙生亦世奇英俊尋緣祥鸞到 聖明有像
瑞星移風流遺得芳香句長使詩人動燥脾

聾川

澗水氷淺雪滿關鳴川不復桃邊還短橋虛白無聲
月繞屋寒生不語山恨有北風先倒處願教東帝後
人間幽翁添得林泉靜竟夜梅床鶴夢閒

惟石

望夫真面老堪憐莫將荊玉較娥娟女媧鍊後遺形
變嬴帝鞭前遁跡先魂與秋雲歸幻夢身依春蘚結
新緣千年古蹟憑誰語一片他山入暮烟

青捲

平生善辨容逢舊意偏濃鹿下秋鷲棄鶴歸夜吠松
蒯生知爲主李相不如儂客度柴門雪聲聲月一峯

雪月

乾坤一色中渺漠失西東壇虎盤層石王龍鬪古桐雲霞淡影滅峰壑素心同只怕春無跡梅花獨點紅

牛

一生食力保心天濁世恐君飲瀨川羊易梁王施恩日龍成齊將樹功年驅使武侯形幻木牵同織女步看蓮耕罷春田歸暮日桃林野渡喚津舡

虎

百獸爭趨一嘯前山中惟我管風烟威行天地迅雷擊飢到英雄白日眠夜谷關畔懸両燭春林露體點

千錢笑他狸屬渠相大洞裏威權敢遍傳

閨怨

相思苦處夜偏寒思苦夜寒夢亦難若使郎心如妾
苦夢魂不到玉總欄

妾愁無限等春江空使孤鸞鎖玉窓桃李花殘郎不
到捲簾斜日下西岡

懷人

莫教閨裏歲華流其奈鏡鸞隻影遊獨鳥頻驚鸞枕
月歸鴻遙帶故園秋每因息苦歌蓮曲幾度愁添見
柳樓欲問他鄉憔悴意人間離別恨難收

敬奉白虛長篇

雩南才藝足風流謡說西言勝周遊晨窓繙繹英美
史筆法無私稽春秋六洲日月家々籍萬國風烟處
處樓一樽法酒江山裏醒醉無常功未收歌上添歌
歌上樂夢中說夢夢中愁輿圖自此無遺漏一氣澈
從仰輕毬兵戈弭禁民安堵豪傑英雄空白頭

奉和白虛長篇

先生文雅冠名流特地奇緣假此遊山水行裝求道
日風霜歲月讀書秋一時 恩譴嗟王屋幾夜 天
言夢御樓大地有時天日翳長風畢竟霧雲收幾度

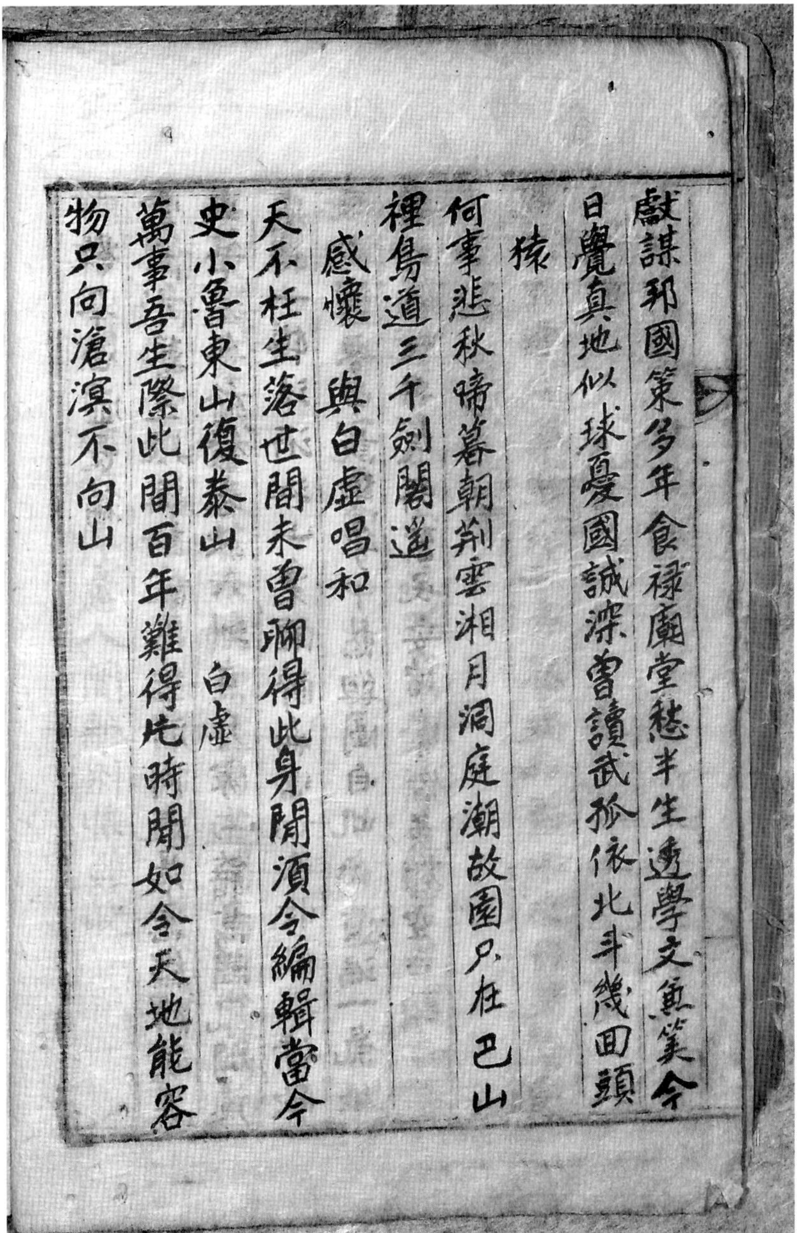

獻謀邦國策多年食祿廟堂愁半生遊學文無笑今
日覺眞地似球憂國誠深曾讀武孫依北斗幾回頭
猿
何事悲秋啼暮朝荊雲湘月洞庭潮故園只在巴山
裡鳥道三千劍閣遙
感懷 與白虛唱和
天不枉生落世間未曾聊得此身閒須令編輯當今
史小魯東山復泰山 白虛
萬事吾生際此間百年難得片時閒如今天地能容
物只向滄溟不向山

9.

百年人事百年間素志須臾不等閒一渡滄溟能博學當年何不謝青山 白虛

二十五年一夢間三春花事蝶翅間男兒縱有鵬飛志不識滄溟只識山

憐君有志讀書間可惜無人覺夢間既識滄溟知不遠莫教倩蝶誤春山 白虛

十載雲林屋數間恐將塵事誤清閒而今若得長風席海上三神咫尺山

始知萬念擲塵間縱欲求閒不復閒海上三神非世界恐君羽化學天山 白虛

萬邦羅列一書間幾處瑤池日月閒火棗氷桃春爛
熳始知塵界有仙山
烟花樓閣摠人間只少琉璃世界閒羨覺仙居非別
界三山還是愧三山　白虛
也信仙凡共世間塵凡願得伴仙閑伴仙愧與塵凡
共莫惜初心負碧山
黃金碧玉綺羅間仙女仙男夢寐閒風雨邊城消息
至其何莊蝶驚青山　白虛
人生人老太平間百萬貔貅笛月閒不勞干戈交玉
帛六洲衣服共雲山

述懷

論心論事知心虛無數人〻獨自居學力淺卑難可
得問君鴻度更何如 白虛

白眼看人守留虛無人何處與人居交人莫恨知心
少知己知人更不如

眞有假心實有虛寧同富不患同居生來傲物非本
意推己及人奈不如 白虛

丈夫處世貴心虛交道何論貧富居九仞山頭虧一
簣前功可惜有無如

看盡人間九仞虛簣將何所首功居如逢結伴成山

處竭力惱心任自如 白虛
有從無有實從虛無始何功反首居九仞必須從一
簣人間萬事築山如
從知〻已世無虛信義相爭不易居惟有一件難着
了過之必得自然如 白虛
壯志吾生老莫虛百年願得共君居五湖舟楫南昌
帆達觀行裝住所如
人如浩月〻光虛〻已對人孰能居不用私媒先國
事而今只見藺相如 白虛
層雲志氣欲凌虛今世雄豪反下居莫說古人專得

美蓮花還不六郎如
論平山冷燕至燕白頷與才女冷絳雪較才時絳
雪佯為青衣對和燕生詩歎其才美因有懷與白
虛代兩才人依其韻唱和
皺眉淡掃更堪憐漫送虛香風外傳要識文章千古
事如今復有李青蓮　白虛
一樹名花獨自憐芳香只怕瀰泥傳采石如今無人
管主張人是女青蓮
一斛明珠字字憐金剛霧罷月光傳桃李楊柳春風
外願見蓬萊五色蓮　白虛

琅月璇風世所憐 羞將仙信寄閒傳 紅塵到處非靈
海 肯泛真人太乙蓮
一朶名花真可憐 璇風惟恐市人傳 分明琅月瑤池
上 何不流光十丈蓮 白虛
不識才憐只色憐 那能容易蝶心傳 鬬歌應覺池中
有 並着雙舟共採蓮
才情只是認才憐 蘭麝香焚也獨傳 休說潑閒多賣
學 更無脂粉墨池蓮 白虛
敵手相逢意更憐 五言城下筆鋒傳 孤軍自是尋常
敵 肯勞將軍七尺蓮

12.

萬紫千紅一色憐春風搖蕩信難傳無雲明月 江南夜亭立芙蓉即是蓮 白虛

南浦月明秋可憐芙蓉無數遠香傳遊人但有賞花眼錯認宮中太液蓮

借得春風墨袖憐人間天上兩相傳霓裳曲罷祥雲起仙子猶依寶塔蓮 白虛

文章罷守兩相憐袖裏春風閨裏傳欲識人間千古美至今復見陸郎蓮

感友人寄書 二首

鸞窓昨夜照文星書雁帶来舊眼青杏洞烟霞魂獨

去一場風雨夢初醒縱知人事雲無定只惜年光水
不停每憶共君遊戲處係心桃渚鶯巢亭
幅幅相思字字情千欣萬感轉層生溇如潭水交心
淚贈似隴梅入眼明人在露蒐知尺地想遥雲樹隔
長城北風不盡南來雁金玉頻頻寄遠聲

詠懷
一生青海不平鳴雨打風翻浪易驚籠鶴遥懷雲萬
里林禽孫夢月三更螢書為伴行裝淡匣劍知心性
命輕世事黃金隨處有貪寒那得誤經營
國慶後有六犯外諸囚各減一等之 恩典參減

者幾二十一人其餘百餘人密通約期齊聲呼哭
竟爲官吏所禁止數人反被枷鎖因有作
齊呼情欲上聞天盟約相傳我萬千聽畢無緣先有
害依人要穎事皆然

牢中情況

節非寒食大常禁永夜無緣講古今鄉信每從風便
到巡燈時與冷感侵江山只屬尋常夢天地難容慷
慨心盡日掩門塵事闊長安第一此樓深

和白虛口呼韻　三首

身存玉帛志雲林出處心非霍海沉忠膽無私天不

愧昭〻白日萬邦臨

鸞鳳如何集棘林明珠可惜暗中沉靜看草木生精
彩始信賢人此地臨

鸞羣鳳侶會如林滿地風流不畏[illegible]逸翮雖從鷄鶩
處一飛直可九霄臨

和然人　林正尉炳吉

百年遭遇盡天緣莫把塵機付自然太上無言冥裏
在三生已定未來前

偶唫

秋霜志氣劍俱寒一死非難死節難如當此世安閒

在丈夫義膽有誰知看

夜坐 四首

靜夜寒窓不寐時唫哦有伴喜相隨人如縱海浮無
際世似入山去有歧積[雪]滿關歸夢皆白雲出岫倦遊宜
五更話雨孤燈邃此地此情子獨知

孤客天寒夜思親世歲暮時詩成長嘯發心事有君
知

賈傅長沙日蘇郎北海時苟無忠義国窮困有誰知

仁天均雨露草木共春時惟有孤松節歲寒然後知

自詠

歎世看書慕古先憂時還欲眼無穿心歸靜界空〻

佛夢入醉鄉夜〻仙思遠經綸同諸羅漢高蹤跡等 居
秋蟬從來志士無窮恨忠孝元難兩得全

電車

鐵輪奔駛疾無先萬里雲烟頃刻穿機藏雷積神為
使軌作虹橋客似仙眼下山皆爭走馬耳邊風送亂
喧蟬木牛古事誰云妙諸葛還歎美不全

暮坐

簷鴉啼盡紙窓昏凍樹寒烟負郭村山暮銀河微有
影雪晴玉宇淡無痕梅花與爾他鄉面明月惱吾倦客
魂遙識倚閭孤望處開顏應藉一兒孫

15.

喜逢詩人

結隣萍水契簡蘭金詩席新緣似舊心情若逢陵時北海興番訪戴夜山陰百年離合吾藏劍半世峨洋子解琴旅塌踈燈添一影忘形傾膽好相尋

無燭 二首

離婁猶難分玉石焇烛不辨疑何釋世皆裕室亦無燈長夜千家連紫陌

黑甜鄉裏坐如石色相都空同老釋夜讀無由更不眠拾螢囬憶舊鄉陌

和白虛 二首

早知劉璞非燕石義可獻王難自釋刖足豈緣得價
高惜賈泥土楚山陌
驚濤如雪風揚石慈航急難航不釋纜度險危路迨
平安歸極樂蓮臺陌

漫詠

牢裏見聞盡聾聾久違人世夢重重靜中歲月同金
佛物外風流是赤松夜永偏憐書案燭地深不到市
街鐘一窓只許望鄉眼戴送斂雲落舊峰
歲殘心緒夜俱長冷枕不眠惻曉霜若使仁天無甯
殺誰敎怨皁有哀傷厭偏眼我如青白好正舌鋭辨

紫黃喜慶都忘是百忍人間到處太和堂

奉恩詔

奉詔感 恩憶帝宮慶辰樂樂與民同百僚賀宴
金門北萬國賓遙玉陛東澤普華蓮來瑞日化均粮
旁及仁風祈寒囹圄多蒙恤子保 宸憂杜四窮

述懷

燕南趙北壯遊遲漫把琴書負此時天墜鴻毛雖遇
便堂中鶴髮不饒蝴蝶看花社養蜂蜜家在雲山宿
鳥枝憂國謀官非得計一生名利夢支離

蒙放日贈別白虛

不語心中語萬重交如水淡意花濃半年結伴牢中
枕明月留期海外峰緣有蚕絲分奠續恨無靡杵積
難春惟君際遇承 恩大圖報淺盟刻杜膏

時鐘

一日自鳴十二重春窓時攪倦眠濃璇機轉動乾坤
道杜宇啼來子午峯代漏點更人數針伴鷄報曉婦
催春巧將金葉醒迷世大可文房少可膏

贈別俞錦石鎮九

願從事死不生關名滿荊刀漸筑間一氣鷹驚幾韓
殿二年爲白再棼關只逢義地身如芥每入危方勇

挾山閱盡世情知已少錦城何似早時還

蝫

至微至勇冠羣倫蝸篳蝨衣共作隣身爲害人明使
隱謀困肥已暗還親經綸皆態懷疑大伎倆惟逃見
惻頻尖嘴時驚閙客夢莊園蝶散一場春

乾柿

形枯身縛意難宣舊味新供歲酒邊粉面非真成幻
男赤心是本保良天子遺春園千花雨夢斷秋園萬
樹奋堅勝乾葡甘勝棗兒童換得喜相傳

蜘蛛

虛中設網暗中居坐攔飛虫許有餘柳戶晝藏烟色
客䲁籬落下雨聲疎世多鴻羅充吾橐門結雀羅斷
客車夜縛流螢籌角掛爲供秋士讀殘書

蚊

肥瘠能從暗裏探畏明自是畏天監聲勢夜高眠客
榻生涯秋淡老禪菴珠簾落月喧千百紈扇微風拍
兩三居然身世炎凉簿賦性如君也有慙

蝎

暖如醉客冷飢僧下地上天便入升走遍粉壁光金
散攔到松床勢土崩蚊親遠不通蔡晉虫族殘如附

魯滕君家苗裔多陰福子百孫千共繼繩

蜂

力勤義種與仁耕恩雨陽春一室榮蕩子靡家蓄倦

蝶虛官無祿笑遊蕩亂軍出入皆神算飛將賞刑正

法衙莫問採花成蜜意為人不是世情盲

蝶

盡日尋芳度玉窓蘭閨梅閣影雙雙蓄依古木空留

巷願逐飛花共入江畫意歛眉山照鏡酒香惹蜘雪

飄紅薄情易散三春夢莫近華堂送客筵

鷹

一莊園

飽向雲霄飢附人羽毛翻與世情新飛飄一片天涯
雪獵下千山塞上春雷擊狐兔皆爛肉風鳴鵝鶩已
驚塵眸如星月精神轉百里猶能辨假真

棊 排韻口呼

直道橫絃四望同贒於愚敵似旋蓬奇謀定處林花
落戰局掃餘陣月空夜雨聲寒脩竹裏淸風歌罷紫
芝中朱門黑白爭如此翻覆一枰世路通

蜻蜓

雙翅輕薄勝紗窓飛着庭蘭與渚菖秋散蓮花遊太
液暮尋蘆月宿平羌生涯容易多蚊蚋踪跡淸高笑

蛣蟯蟬翃蝶翅風彩美肯從蠅蟻赴椒薑

虱

只處乾衣不雨簑腰間腋下懶經過痛癢在彼關心
少飢渴切身沒恥多雲髮歸埋生宿草雪膚亂咋染
新荷害人肥己何愚蠢半作尸山與血河

鼠

綠林夜雨不衣簑穿穴踰墻甫窗過溷廁安分生許
足膏粱惹憊禍機多疾行信地風驅鐸亂踏紙天雨
滴荷狗是強隣猫敵國太平何日誦清河

白梅

黃昏一樹獨生輝 羞與雪花較是非 瑩士骨緣春冷瘦 美人魂帶月明歸 寒依氷壁朝暉減 淡立綺窓夜色微 漢水年年如舊面 不教脂粉污香衣

紅梅

珊瑚一朶綺窓高 月下錦衫夜立孤 魂入羅山飄締雪 粧臨漢水美臙濤 酒遠錯落丹浸酌 畫帖淋漓血染毫 桃頰櫻腮多瘦骨 人間歸夢在蓬壺

白鷺

春江白雪滿衣裳 散與漁翁坐夕陽 蓑雨帆烟踪跡淡 渚雲沙月夢魂長 飛來蘆荻花同色 許立蓮汀玉

有香莫把與凶煩問我寄身氷國送蕭先 十三百兩 自

贈尹先達 春景 韻 一同 四十五字

一出牢門客路微歸無妻子倚無扉去難再食恩官
食脫有何衣換豬衣人改過前多覆轍士窮道後乃
知機三年囹圄風霜骨生得 天恩悟昨非

白處贈慰 物 情 番 韻 五人 十八

萬念付虛鄭老禪中宵真莫意綿綿定無伯樂知千
里只可青蓮詠百篇近澤自生魚涸轍走崎奚用馬
加鞭為君感慨悲歌發蕭瑟寒楓易水燕

瀑布 韻 同 韻 體 下 寫 偕

玉龍懸絶壁半入九天青飛雹昏巖壑殷雷動日星
黃河纔掛影銀漢倒翻形蕭寺晴還濕四時雨滿庭

見逐僧 録 䟦 五百圓

善惡昭昭有佛知一生遭遇萬緣奇私嬿見逐心無
怍聖道多傳浸欲諧一念慈悲天日照三身報應電
雷馳孤踪四海留萍水但願慈航到處移 十七

蟬 新羊 録 䟦 四百圓

香露菊園飮料甘隨風飛遍水西東清音夕院 桐生
瑟得意露天柳絲盤名愧塵形餘舊殼唫愁秋氣切
單衫草蟲遺族參仙籍肯向貧泉漫的吮 十三百兩 自

鐥 新賦筭一千二百圓

別後桂宫月自䔶人間巖穴寄爲家炎風門巷藏

淖霽雨池塘芳散花多筆侵凌憎細蝗無端喙戲怨

殘鴉蜷形蠻體兵垂老肯鍍黃金背點砂

蠶 千卷

滿抱經綸惜未遑吐絲供績只勤勞卵生葉箔蟲形

細羽兆蘭房蝶影高養似猿兒眼在室食催懶婦株

登阜長安多步無羈客錦繡遊醬參佳自豪千八百二圓

和秋日早行詩韻 賦筭一百八圓

月落江村尚掩扃漁舟縱見路傍亭太吹笛淚將滅

燭鷄聲雜落欲殘星蘆邊曙色眠沙鷺柳外微光渡

水螢曠野集、聲遠樹梢頭指點亂山屛

落葉 詩宗二員各一

樹、西風語萬端樓中遠客動愁顔夜聽蕭瑟窓前

雨朝見今明柳外山月色亂翻虛白裏秋光微積淡

黃間掃階自送供炊黍剩得樵童半日閑

懶婦 韻大五一合

快櫛司飡學未曾裁衣奉帶託無憑飽來姑室依床

睡笑出窗遂倒履登箱裏空留明圓鏡機頭自減落

花燈支離卷夜還愁短鐘與隣兒戲作朋

病眼 賞一卄分本錢二戔 … 二兩 … 四兩

瘡由心燥自難醫戒飮經旬廢看詩迷天暈月欺雨

渥滿地昏花映簾燭風寒看數闕朝窓日射淚

先知萬事異常長閱眼仍添綠懶如癡 一戈 百兩

病聾 賞 眼次本錢三十戔 … 二兩 … 二十兩

不分湧來鐘朝夫地寥無歲月消遣欄聲疑鳥

諺捲窓花影認風飄驟雨從客來何院悠嫩寂寞過

楓樹造物悉吾因世一病使聾非是又啼諠

氷 合三十四百八十八兩

凝窓重疊擁寒朝盡無聞微陽滲不消鏡面鎖藏明月

影王精倩始落梅飄連成珠箔長簷尾碎破琉璃散

滿橋廣上瑶池高且闊穆王西憶白雲謠 四兩

螢

碧天如水月如梳明滅殘螢不定居秋感怨姫搖撲

窮夜伴貧士拾看書風飄墻火隨江冷露濕流星補

野虛似鮮逸人清賞意紛溺入叶籬隙

冬晴 五月八 二十九日

朔氣侵人露結茵霜兆風捲地繞霜嚴千山有雪寒生

屋萬里無雲碧入簷野色平隨孤鳥過江光淡送斂

峯漆夜來星宇清如鏡河漢低垂尾角尖 四兩

依秋江泛舟韻

滿江蘆荻白無邊一片斜陽掛帆巔舡載萬頃波上
世棹撥十里浪中天英雄泡起輕千刼逆旅浮浮渺
百年簿暮尋村長浦下漁歌漁笛遠相傳

宮漏

宮途如砥象脩歷侍曉何臣意莫涯曉達龍
樓壽讚闈朝催鷄列紫禁斜勢借金銅輕有
響體無氷玉殘無環歲月空殘仙不到漢皇鏡裡
鬢與霜加

午睡

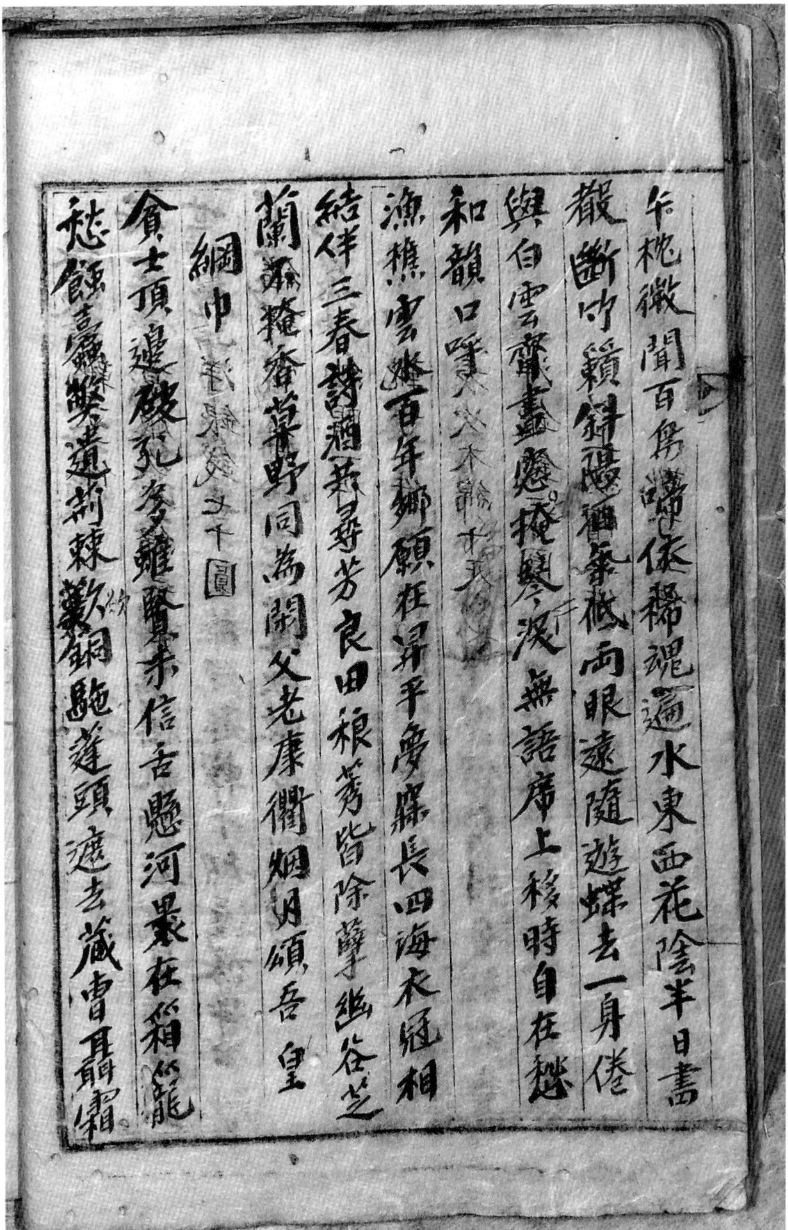

午枕微聞百鳥啼 依稀魂逐水東西 花陰半日書
[illegible]斷吟韻鋪[illegible]酒[illegible] 兩眼遠隨遊蝶去 一身倦
與白雲齊[illegible]盡[illegible] 掩琴沒無語 席上移時自在[illegible]
和韻口呼
漁樵雲[illegible]百年鄉 願在昇平憂樂長 四海衣冠相
結伴 三春詩酒共尋芳 良田稂莠皆除孽 幽谷芝
蘭[illegible]養[illegible] 草野同為關父老 康衢烟月頌吾皇
網巾
貪士頂邊破孔多 雖賢未信舌懸河 最在[illegible]籠
愁餘[illegible]遺荊棘 數[illegible]蓬頭遠去藏 曾[illegible]

24.

鬚鬣兼捲收頻巧織馬〃毛針結網前踈後密細於羅

古松 賞美圖全幅大上一行本畫發賣計單畫

一庭蒼翠四時閑閱世風霜老不摧蕭寺清陰僧

自在古查殘影鶴初來淡容笑殺霜前菊高標

尋常雪後梅縱賢才為仙跡潤邊恒帶碧雲回

釣魚圖 五千兩 發賣八千六圓 以發 十三萬六千一百二兩 時

春盡武陵花見開桃花流水到乾坤楚雲宿帆三

閭遠漢月親機七里昏光與魚蝦遊鷗鷺藩不教鷗

鷄夢中原滄浪曲水綠青芳草青烟柳外村

詠餓羅斯米 宜圓 五圓 以發 十文兩 在三萬四千兩

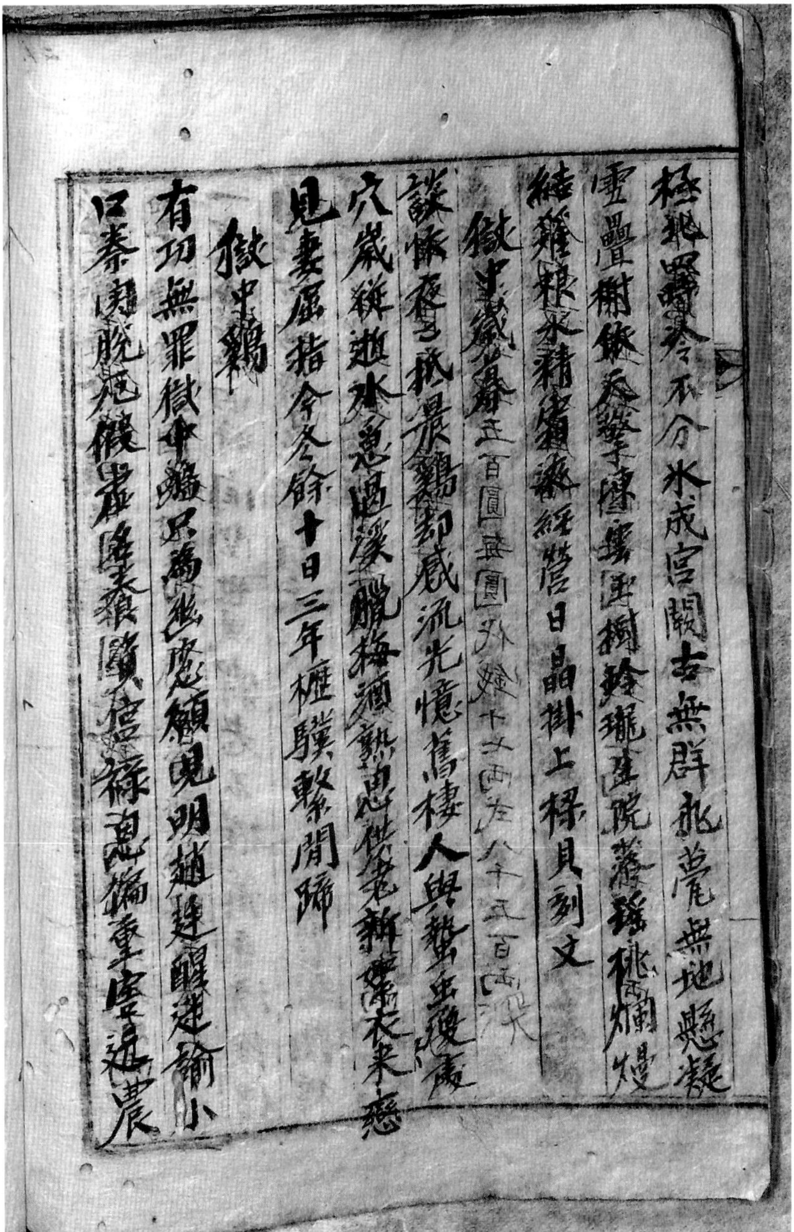

極晛[illegible]今不分水成宮闕古無群飛豈無地懸凝
雲疊樹飾天[illegible]撑樹[illegible]院藤[illegible]桃[illegible]
結羅粮米精[illegible]經營日晶掛上[illegible]貝刻文
獄中歲暮 五百圓 [illegible]圓 外 錢十文 西[illegible] 八千五百[illegible]
談怖夜[illegible]抵晨鷄卽感流光憶舊棲人與蟄虫[illegible]處
穴歲從遊冰息過隙[illegible]梅酒熟[illegible]新[illegible]衣來戀
見妻屈指今冬餘十日三年[illegible]繫閒歸

獄中鷄

有功無罪獄中鷄只爲[illegible]顧鬼明趙[illegible]喩小
口秦[illegible]脫[illegible]假晝[illegible]蘇[illegible]篇垂[illegible]迫晨

25

塢青自軒唱慰因人多少意一天曙色上東城

啞

有眼無言獨有聲知裡雖甭一青燈心志不必撫
吞炭行藏何須懼履冰幸我手真情摸盡他舌
巧禍生唇歸非作孽難磨玷處世休誇鸚鵡能

矮人

身長失半態俱無衣短自憐貫價廉脚矮怕臨
三尺水膏抵難負一非盡地形獨險決山屹天色偏高
望月纖塵立無分行轉輾對人要少仰頭瞻

偶吟

蘿窓閑寂夜遲遲 一枕鄉魂去莫拘 安處經綸存濟恤 危機多想在漁樵 梅花舊社藏金醉 明月誰家美玉簫 前歲秋遊餘短笠 殘燈塵壁掛蕭蕭

通衢夜燈 民 日

銀燭金燈一望迷 紛紛消暎遠相招 群形影逐從覘物 萬像光明愧隱藏 樵夫是夜熱閑層 樓現至非春花國動 簫笙隊夜闌 琉璃殘鏡裏 客仙繁與萬蘇盡

浪詠 黃花時節

戀春心切屢遊花 錦繡風煙十里霞 紅樹樓臺朝雨歌 綠楊門巷夕陽斜 過宵沽酒常開 盡日歸尋芳不在

55 替役集

26.

䝉覺了從知皆在想江湖散跡白鷗沙

美人圖 錄錢六百圓無圓外錢十七兩在一萬二百兩

鏡屏裝得身團鸞著殺看人解笑難舊鏡不照顏雲

髮亂春粧秋韆畫簾冥情易老園中壽老仙

無憫惟止園一甲子材間多伴侶情君畫四面在東牆

有懷 錄錢三千圓無圓外錢十七兩在五萬二十兩

鑵鐵孤燈作友良朝花夕月只尋常網羅空遠人多

范刑典難施世之高憂國非無勞犬馬惠民何必擇

牛羊壯年闆濶身猶健濟國無竭甘數備嚐

猝寒 合錢一千八百三十六兩

昨夜北風雪滿樹寒生歲暮臘殘時重衾猶薄薪盡
癖難枕夢難剩得詩休言舊機終無用始信弊裘更
有恩梅花開有愁何事漢水春光面面遲 十五兩

慰親 二頁 合
數幅感中筆二枝感恩有淚奉書時眷情遲訓供無
酒獻壽無識須以詩盡獄雜輦庚有難整大君義重
孝難恩今見縱未班衣侍惟幸陽春在不遲

思友 詩 四十五圓 每圓以錢十七兩 左 七百六十五兩
無人寄我隴梅枝憶友較多惡友時萬國樓臺門外
世三年風月獄中詩太衍歸雲空自淚梁園寒雪更

誰思心緒㭍隨殘臘盡新愁𢙬得曉眠遲 左四両

掃雲 [illegible]白一[illegible]本[illegible]三十[illegible]二両左四両

掃來却藏年庭銅萬斛危銀積不平簣底値核堆天

重簷端翻散落花難繞聲爭出黄公石挾路層生白

帝城童子先開陽向地蘭芽隠誤早春晴 左二十五百五十両

感警使獲餉諸囚 三十文五十文外錢二両左六十両

羅中人在化中遊 外君恤寃額益帑錢二両 赦發休言

備見漏飢餘遝感共霑恩流天無愚聲濶恩雨地胥名

花奈義恭征歲枯觴因飽德頌聲令舉管散難文

元朝 合錢三千四百五十八両

三竿紅日萬家春爆竹聲闐開帝曆晉悟風霜都屬
愛一心梅柳綠生真思親遠氣如山海憂國精禱結
聖神賀客逢兒今世樂著蘇樣餅喜迎新 四兩
感謦使者天顔醜衆圖 又無又外錢二兩左四兩
無功有罪愧殊恩國圖偏多雨露痕民萬唐虞斷地
劃臣如伊傅體天言家平化日陰崖照粒粒陽病枕 春
溫同飽欣情光感淚徵誠恨添弄母門 又六千八百
琴 章服又木綿四十疋無又外錢二兩左八十兩
聲音天地意難容骨氣峨洋番耳然鮮覺閣殿來儀
鳳退敵西戚坐卧龍道襄妓樂詞文續璧遠儒門曲

己蠶蠶尾猶餘絲未斷人間留待伯牙逢

薄薄衣資[illegible][illegible][illegible]五百閒全載大里一付六貫整鹽鹽別單

不再經年尚賴官單衫風透却嫌寬斯民難免生無

祿君子休言死亦爲天着知情終歲煖雲何爲忽復

春寒遠宵㗳々爭侵尋錦帳幾人穩睡安

安蠶畫二十六年戊癸一千五十圓[illegible]癸一萬六十八百四

數畝石田負郭東種花留待宥春風白雲在嶺蹤跡

友孤鶴應閒可譬蠶耕食猶甘意　帝力坐收不取

愧漁切琴書左右其中樂肯把林泉要後公

蠶爐

蓄氣平生敵大冬恐教玉臉感手草煖春待我情何
薄窮膽爲君性不慵滿腹登灰香燒處全身都火雪
消蹤氷床有賴梅蘇骨一室薰芬備安封

思鄉憂

不勞笻屐渡春江歸訪寒梅到綺窓思友對樽歎少
一瘦妻孤枕淚垂襟未違旋別情有目欲語還醒恨
滿腔焉得輕魂如飛鳥鷄鄉園幾入夢難聆

憶酒 合錢一千七百二十八兩

舊杖錢餘閱歲支餘將何物對吾愁無泉止渴恒秘
入海求酬不悔免處留顏須金谷僊記取試見峴山

碑畢生竊歛真無雖愚劫人情與俗殺

寒餘得痾 一百五十圓

扶病強唫覺趣微無聊只與枕相依面潮自上薰成酒

背汗虛生冷濕衣因客資貪供藥少鄉朋愚劫見書

稀薄情夜雪添梅瘦惟願陽春早々歸

憐青衣病斃

愚波獨不及枯魚歸母也安勝獄居死必泉臺逢友

易生猶寡痾児親疎身後舊名留瀝案手中遺物有

家書弃慶秂年貿久敝典嗟君終錮罪還餘

業渡沙賄一件

意在急難備不虞釋家慈航道相符蒼波得路成關
葉舟葉舞木春遠圖太乙爲儔浮歲月軒轅應世作
規模渡頭客盡乘昏去十里清江一葉孤

病院罹囚穿壁逃脫者七人

墻高難得與世齊心合還看九仞低塞上休歎翁失
馬關中猶喜客鳴鷄無尋萬壑藏兔窟不辨千村
宿鳥棲可笑補牢時太晩亡羊已盡散東西

和鄭石蘭韻

蘭亭石墨能爭聲新面猶欣勝舊情人似夜行背草
昧世如晨起催雞明少年不暇游陰帶久客非緣樂

錦城借閣𦝄梅花𢪀𧵑霜窓寒盡𩅹𤻻𡏧西

又次鄭白南韻 本號二犯平五仄錢二而左四西

不把赫衣撥錦𦹵葉書爲摸文𢚸歸䟨䢖經歲雲傾

倦病貪逢春水共肥𢢲我辛酸猶趣味笑他微細自

光揮悶柳尋花餘舊𢜝三年𢀨獄送芳菲

愁 新號錢四百圓每圓外錢十六而左六十四而西

得失參差意不齊與他飄浪自高低朝窓有喜於閒

讒曉𣈜無眠卧數雞萬事承雲參差別百年風月客

爲樓顏嚴虎世恒𢞂影友𢣧妙隨情任笑啼西

與尋有虛共贈鄭白南

子夜陽生動地雷蟄乎生欲起百川開江村經雨治新
舫曲磨看梅理舊枝古木猶從舍裡看歸禽尚未解
喜春来蕪君善識又聞恨早送和風倚檻回
再和白南
羊踐發麥圓汁錢十萬糞様
盲於天日曠於雷仍得蘇頓覺開流水依然已調
陽閏恨必勸君盡普聞宗鼓乘風去今見子暗與月
来綱裏羅籠暴鳥如何命送兩邊園枯葉拌暈
歎良友屬壁命靄 錢一千五十圓
屬窓相語語難眞聽響音真見人壁上西遊輸眺望
㟽間一眼送精練縱情籠鳥同連翔除恨窩蜂各處

31

身焉得與君歡楊恭出盡求問津々
貧自肅賦遠遊 圓每圓外錢十七兩合八百十六兩
冰䨱璇風谷々霞幾多名勝幾仙家南陂舊地應霜
菊西域諸天偶雨花惟吾轢環庭鞮敬而今舟擺海
鵬翎壯年達觀緣究學終不明珠棄亂沙
歎早不遊覽 百二十圓每圓外錢十七兩合二千四十兩
未載槍門古洞霞蠶屯蛙井是吾家壯觀只聞空海
月浪遊妖聊鯛疏花畵靚前秋鈍的懸與覽萬國界
横斜北堂鶴髮年甚暮忍負初盟聱渚沙
和韻 貴

君歌劍北我衡漿[illegible]一榻閑古壁題梅春雪
白孫[illegible]湯[illegible]看園有限憂[illegible]憶月無心夢
桂宮風行雨絲多少恨百年蹤路老難通

石佛 [illegible]

西域何年渡海東[illegible]鶴面至今同獨來瞻仰佛々
鳥客去岩花寂々紅俗異塵埃堆法殿時移風雨打
禪宮香殘燈滅鐘落萬劫緣一夜通

待和韻不到 [illegible]

今宵久看耀[illegible]長使殘月下窓五[illegible]日騷壇[illegible]泣
鬼困春[illegible]林[illegible]南[illegible]古[illegible]北鴈聲遲滿

是傾從我征軍非敵手緣早開五言城

夢不成 二員 合

夢魂不到舊山青曉閣鷄聲獨坐聽此夜顏劉子辭

初年悔學屈君醒轉頻衾裡生處籟臥水窓間入漏

星惟有巡兵同我苦雪中寒屐步空庭

蝙蝠 以韻 一件

畏明常畏日裝慈寄數寄簷雨未當白晝識綠 切 個

愧黃昏敢見見誰爛憐中宗族無鼻子可下形容看

髮備衝圖翱翔意長天大地計層層

官食 韻 十二件

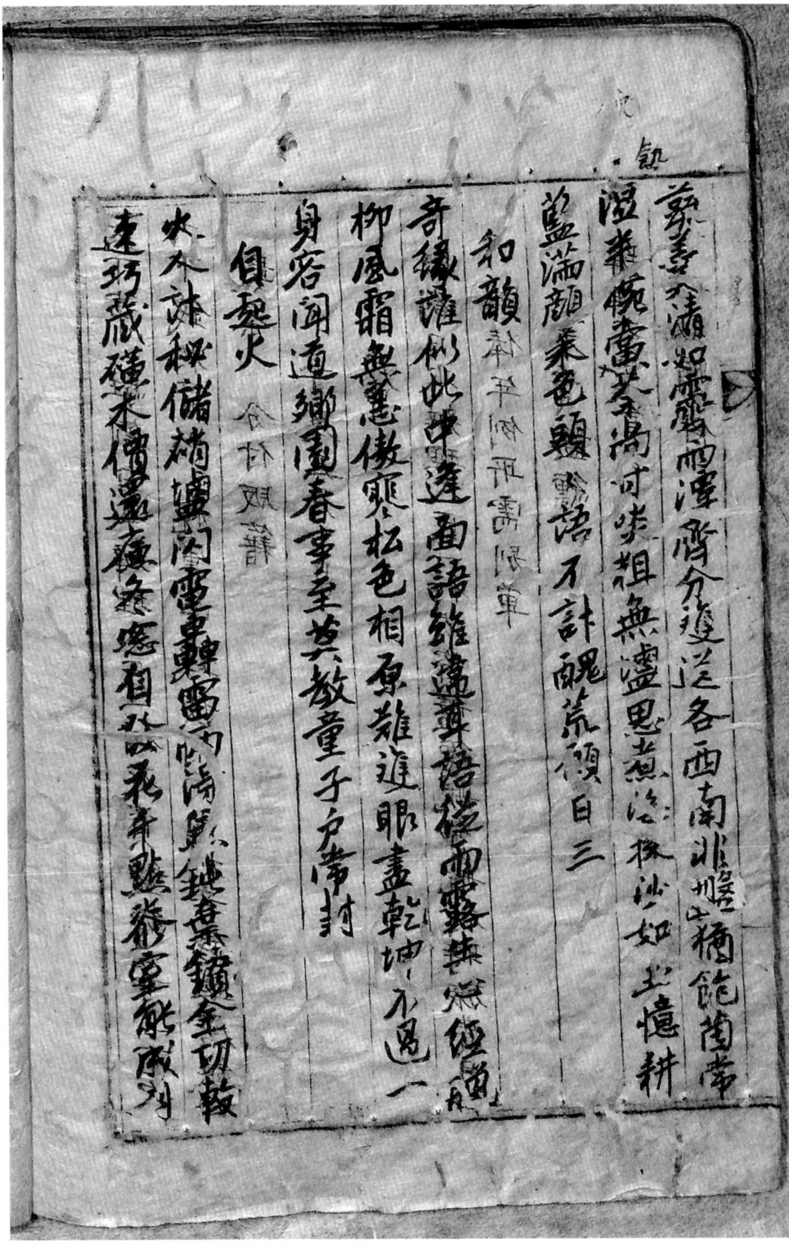

蒹葭[illegible]淸如[illegible]雨潭[illegible]分送[illegible]各西南北[illegible]猶能[illegible]常
溼[illegible]晩[illegible]尙可[illegible]相無盡思[illegible]沙如玉憶耕
藍滿顔[illegible]顯[illegible]語不計醜荒頌日三
和韻 奉[illegible]開[illegible]別章
奇緣誰似此中逢面語雖[illegible]語[illegible]雨露[illegible]
柳風霜無[illegible]傲[illegible]松色相原難進眼盡乾坤不過一
身容閒適鄕園春事全莫敎童子戶常封
自[illegible]火 [illegible]
水木[illegible]秋儲[illegible]
遠[illegible]藏[illegible]

33

夏簾葉壁格壁皆古事數錢可買百枝纖

春暖　中坐　金圭顏　稿

減却重衾添不復梅花與我共春心朝陽薰物鶬鶊

僚午睡猫尾鳥語深野馬浮空山欲草泥魚矣水雪

殘林塞郊瘦鶴難蘇病爲謝東風滿千峯　未承

和白虎條詩　千九百圓外餘十一萬七千三百四

國除先楚鶴是隣臨事當同達[illegible]國哉[illegible]

[illegible]導民[illegible]自由[illegible]退後[illegible]善爭前[illegible]

獻新教[illegible]養[illegible]上[illegible]邊[illegible]

七月四日夜和[illegible]友[illegible]號　[illegible]官

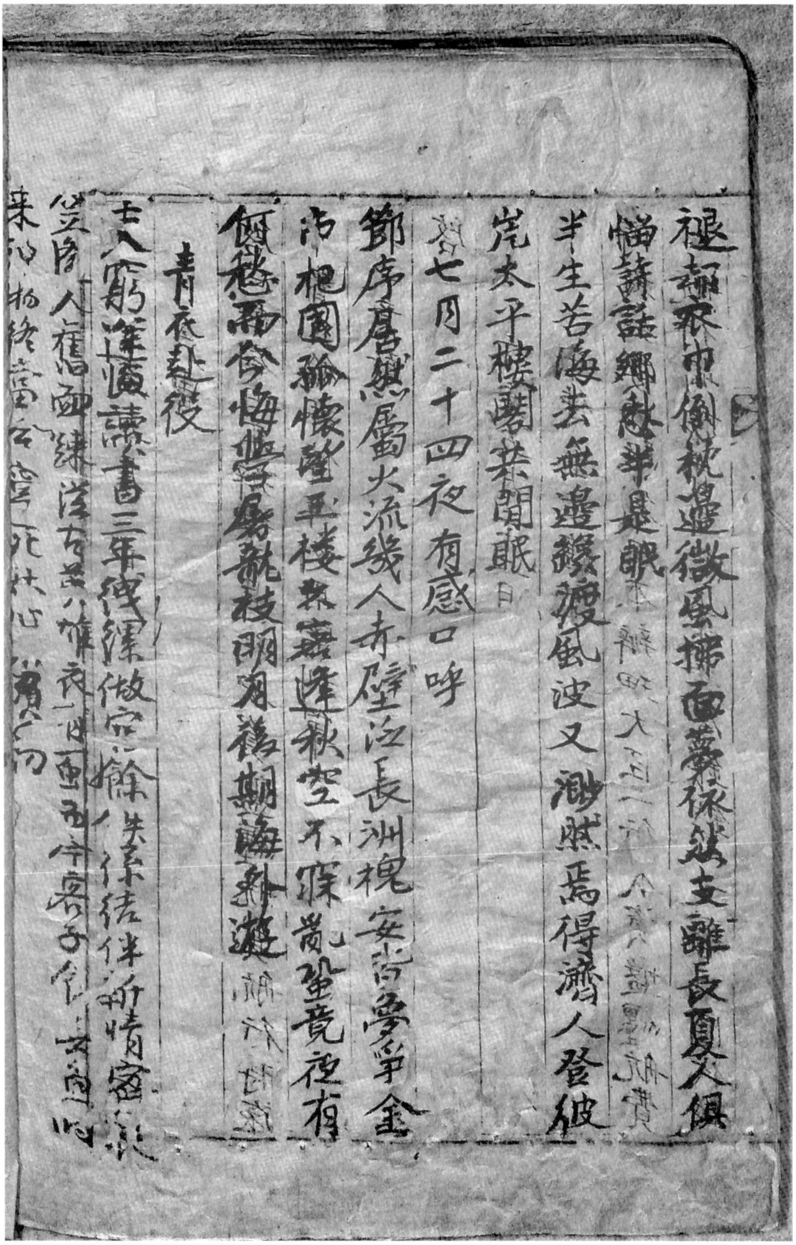
褪卸衣巾倒枕邊 微風拂面夢依然 支離長夏人俱
惱 講話鄉愁半是眠
半生苦海去無邊 幾渡風波又渺然 焉得濟人登彼
岸 太平樓閣共閒眠
七月二十四夜有感口呼
節序居然屬火流 幾人赤壁泛長洲 愧安[illegible]夢爭金
谷 梅園翁懷登玉樓 共[illegible]逢秋空不寐 賞[illegible]竟夜有
似悲風今悔舉 爲龍枝明月移 湖海外遊
青夜赴役
士入窮途讀書 三年殘課做宗餘 朱條結伴 所情窓
[illegible]

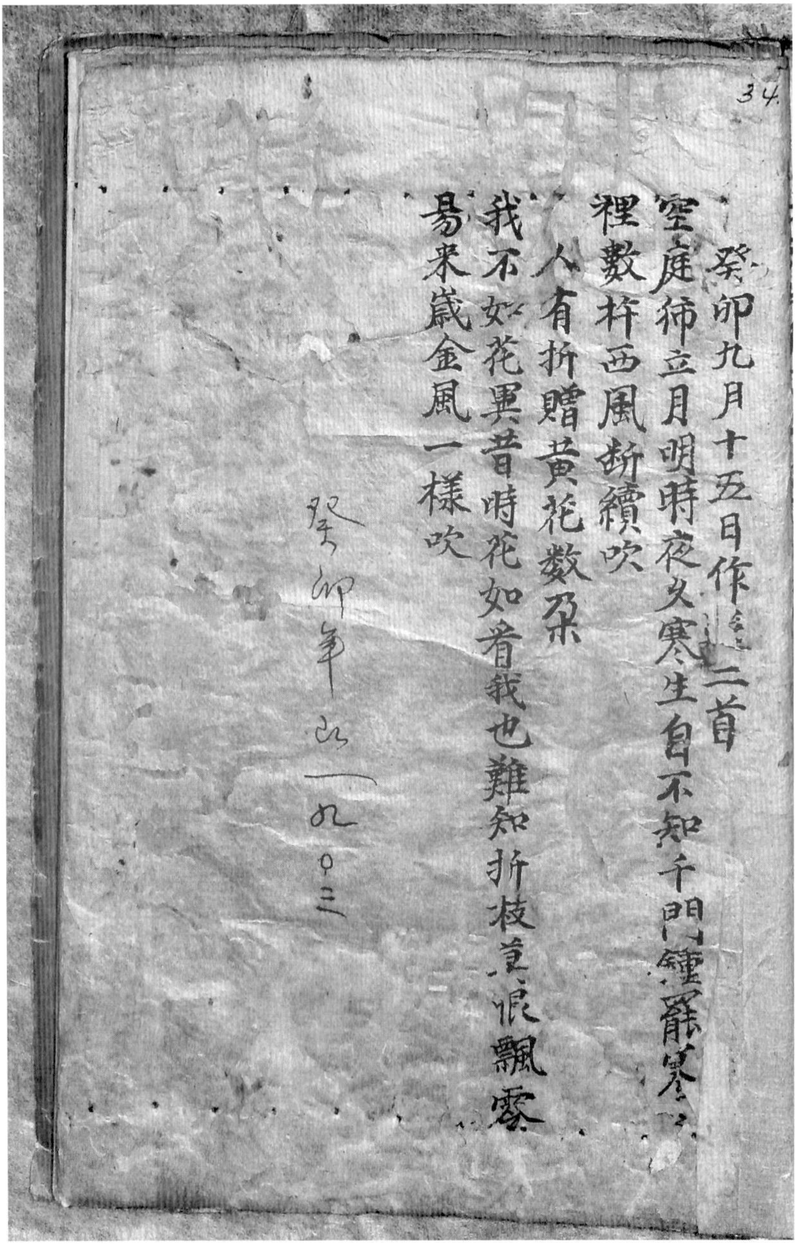

34.

癸卯九月十五日作二首

空庭徘立月明時夜久寒生自不知千門鐘罷寒裡數杵西風斷續吹

人有折贈黃花數朶

我不如花異昔時花如看我也難知折枝負恨飄零易来歲金風一樣吹

癸卯年 一九〇三

民國二年(一九二〇)十一月十六日與林炳稷潛
入運物船 West Hika 在鐵櫃經夜待船發
明曉出見船人佯作清人潛自湖港至
上海

民國二年至月天布哇遠客暗登船板門重
鎖洪爐煖鐵壁四圍漆室玄山川渺漠明
朝後歲月支離此夜前太平洋上飄然去誰
識此中有九泉 時有華人尸體入棺在側

贈桂園盧伯麟晩湖金奎植 時二友在 Kawela Beach
君猶湖港客我獨滬洲船寄書當有約借

35.

淩

便奈無緣藏名非遯世絶食豈求仙灣外蒼波濶明朝思渺然

舟中即事

清曉歷衣容北風掛帆時終夜帰藏寒平明步出遲行色支那子姓名約翰兒（而佛人視我為華）人名〻〻（John）華酸何足道猶喜少人知

又

暮風破浪大洋船暮暮過檀山已六天夕氣送寒知北上朝陽披霧指東邊頭上有天星月照眼前無地水雲連一萬五千餘里路

三分之二爲汪洋

又

舟人問我是何人笑道中華去國臣樓
江雲獨青春別檀島風霜白髮新黃
金世界生涯淡綠水鄉園夢想頻聞此
悽然相顧語斯翁身勢正堪憐

又

太平洋水共天長縹緲檀山在彼央疊
嶂層巒無地起奇花異草四時香三洲
舸艦交路萬國衣冠互市場海上蓬

萊何處在璇風卿月是仙鄉

又

風風雨雨大洋舟东度三旬到逕淞莫道
江蘺鄉國遠雲山猶似漢陽秋

十二月五日船泊黃浦江潜上陸寓
孟淵館 投書張鵬待其來

孟淵館裏客眠遲待友不來細雨時盡日
看書無眼暈清燈偃卧試新詩

一九二一年三一節在上海偶唫

半島忍看島族侵綠江波怨白山陰右濟

新羅隣誼重壬辰乙未世讎深二千萬衆
求生計三十餘質決死心人和天地時同力
營可燒除艦可沈

77 替役集

From
19
To
19